Michaela Urban

OBERBAYERN

50 TIPPS ABSEITS der ausgetretenen PFADE

360° medien

IMPRESSUM
Deutschland – Oberbayern
50 Tipps abseits der ausgetretenen Pfade
Michaela Urban

2. Auflage © 2021 360° medien
Nachtigallenweg 1 | 40822 Mettmann
www.360grad-medien.de

Redaktion und Lektorat: Christine Walter

Satz und Layout: Serpil Sevim-Haase

Gedruckt und gebunden:
Lensing Druck GmbH & Co. KG | Feldbachacker 16 | 44149 Dortmund
www.lensingdruck.de

Bildnachweis: siehe Seite 256

ISBN: 978-3-96855-009-1
Hergestellt in Deutschland

www.360grad-medien.de

Michaela Urban

OBERBAYERN

50 TIPPS ABSEITS der ausgetretenen PFADE

360° medien

VORWORT

Imposante Berggipfel, tiefblaue Seen und grüne Almwiesen – die Szenerie Oberbayerns wirkt an vielen Orten wie einem Heimatfilm entsprungen. Kein Wunder, dass die Region zu den beliebtesten Urlaubszielen in Deutschland zählt und Besucher aus nah und fern anzieht. Neben der Hauptstadt München sind es vor allem die Märchenschlösser König Ludwigs und die großen Seen, die jeder Gast auf seiner Liste an Must-Sees zu haben scheint. Dass sich an Sommertagen dann lange Schlangen bilden und Stress schon auf der Anfahrt dorthin herrscht, ist somit leider kein Wunder. Doch auch viele Ausflugsziele in der zweiten Reihe werden mittlerweile überrannt. Dabei müsste das nicht sein. Es gibt immer noch unzählige Destinationen in Oberbayern, die in den wenigsten Reiseführern erwähnt werden und selbst an Wochenenden wenig besucht sind.

Sie müssen dafür nicht unbedingt eine neunstündige Wanderung auf steile Gipfel im Grenzgebiet auf sich nehmen (auch wenn ich in diesem kleinen Buch einen solchen Ausflug auf das Stadelhorn vorschlage). Wer sich informiert, sich fernab von Touristenzentren, Bergbahnen und Gasthäusern begibt und auch einmal ein paar Meter läuft, wird überrascht sein, wie schnell man selbst in Oberbayern noch wunderbar einsame Stellen finden kann.

Sind Sie zum Beispiel schon einmal in die urigen Auenwälder an der Donau eingetaucht oder haben die wilde Flusslandschaft der Isar erkundet? Oder wie wäre es mit einer Wanderung durch malerische Moore, in denen es um einen herum nur so summt und brummt? Und waren Sie eigentlich schon einmal in einem Gries, in dem die Landschaft ringsum in Schotter unterzugehen scheint? Für heiße Sommertage habe ich eine Fülle an Tipps zu einsamen Seen und abgelegenen Schluchten, und wer nicht nur gerne am, sondern auch auf dem Wasser unterwegs ist, wird einige Ideen zu Paddeltouren auf den schönsten Gewässern Oberbayerns bekommen. Da Wasser in all seinen Formen immer ein lohnenswertes Ziel ist, stelle ich auch versteckte Wasserfälle und eine Eishöhle vor, die sich vor ihren viel bekannteren österreichischen Verwandten nicht zu verstecken braucht.

Wo wenig Menschen unterwegs sind, trifft man oft auch auf eine überraschend reiche Tierwelt. Und so kann es sein, dass Sie sich an einigen in diesem Buch vorgeschlagenen Destinationen schon einmal Auge in Auge mit Wildschweinen, Hirschen oder Steinböcken wiederfinden werden. Selbst seltene Schlangen und scheue Murmeltiere könnten Ihnen zu Gesicht kommen und auch kleinere, aber nicht weniger besondere Vertreter der einheimischen Fauna kreuzen wahrscheinlich früher oder später Ihren Weg.

An der wilden Isar bei Wallgau

Natürlich dürfen in einem Reiseführer zu Oberbayern auch die typischen Bergtouren nicht fehlen. Doch statt auf allseits bekannte Gipfel, schicke ich meine Leser lieber auf Berge ohne Hüttenwirtschaft, auf denen man sich keinen Platz erkämpfen muss, sondern seine mitgebrachte Brotzeit auspacken und einen unverstellten Panoramablick auf die traumhafte Landschaft um sich herum genießen kann. Trotz eines Fokus auf Ausflüge ins Grüne ist dieser Reiseführer nicht nur für Naturliebhaber. Auch historisch Interessierte werden fündig. So zeige ich Ihnen, wo Sie nach versteinerten Fossilien suchen und Spuren der alten Kelten und Römer finden können.

Egal ob Jung oder Alt, gemütlicher Wanderer oder sportbegeisterter Gipfelstürmer, Familie oder Einzelgänger – dieses kleine Buch beinhaltet 50 wunderbare Ideen für jedermanns Geschmack. Spätestens nach dem Lesen dieses außergewöhnlichen Reiseführers werden Sie sich fragen „Warum in die Ferne schweifen, wenn das Gute liegt so nah?" In diesem Sinne: Viel Spaß bei der Erkundung Oberbayerns abseits der ausgetretenen Pfade!

Michaela Urban, michaelaurban.com

INHALTSVERZEICHNIS

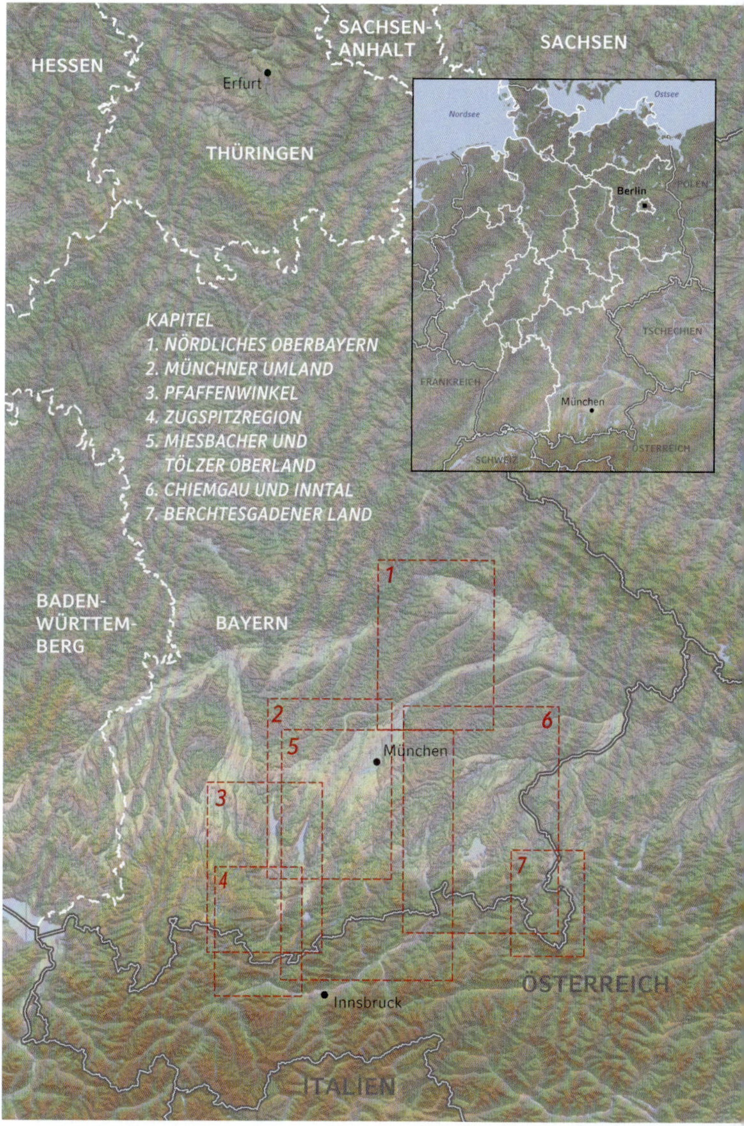
HESSEN
SACHSEN-ANHALT
SACHSEN
Erfurt
THÜRINGEN
Nordsee
Ostsee
Berlin
POLEN
TSCHECHIEN
FRANKREICH
München
SCHWEIZ
ÖSTERREICH
KAPITEL
1. NÖRDLICHES OBERBAYERN
2. MÜNCHNER UMLAND
3. PFAFFENWINKEL
4. ZUGSPITZREGION
5. MIESBACHER UND TÖLZER OBERLAND
6. CHIEMGAU UND INNTAL
7. BERCHTESGADENER LAND
BADEN-WÜRTTEMBERG
BAYERN
1
2
6
5
München
3
7
4
ÖSTERREICH
Innsbruck
ITALIEN

Nördliches Oberbayern

In den Donau-Auen

Nördliches Oberbayern

1. Altmühl: Wanderpaddeln auf dem gemütlichsten Fluss Oberbayerns
2. Kipfenberg: Am Limes entlang der Grenze des Römischen Reiches
3. Fossiliensteinbruch Schamhaupten: Archäologe für einen Tag
4. Donau-Auen: Bayerisches Auenland
5. Hopfenlehrpfad Wolnzach: Auf den Spuren des Bier-Aromas
6. Scheyrer Keltenweg: Spaziergang in die Vergangenheit

Beilngries
Altmühl
2
1
299
3
Köschinger Forst
Altmannstein
Eichstätt
Donau
13
9
299
Neustadt an der Donau
Gaimersheim
Kösching
Ingolstadt
Vohburg an der Donau
4
Neuburg an der Donau
16
16
16
Manching
Geisenfeld
Reichertshofen
93
Mainburg
13
5
Wolnzach
301
Pöttmes
300
Schrobenhausen
Pfaffenhofen an der Ilm
Nandlstadt
6
301
Aichach
Amper
Zolling
13
Freising
Isar
Altomünster
Markt Indersdorf
92

1. Altmühl: Wanderpaddeln auf dem gemütlichsten Fluss Oberbayerns

Ob nur für ein paar Stunden oder gleich mehrere Tage – die langsam fließende Altmühl ist ein Paddel-Eldorado sowohl für Anfänger als auch alte Hasen. Und neben der natürlichen Schönheit des Flusses auf seinem Weg durch das Herz des Naturparks Altmühltal gibt es entlang seiner Ufer zahlreiche weitere interessante Sehenswürdigkeiten, für die sich ein Ausstieg lohnt.

Jeder, der schon einmal mit dem Kanu oder Kajak unterwegs war, kennt dieses Gefühl wie man mit jedem Paddelschlag mehr und mehr mit dem Wasser und seiner Umgebung verschmilzt. Alltagssorgen lösen sich in Luft auf, der Kopf wird frei und der Blick öffnet sich für die Pracht um einen herum. Detox pur, wie man heute sagen würde.

Mit dem Kanu unterwegs auf der Altmühl

Erhaben thront die Willibaldsburg über dem Fluss bei Eichstätt

Als langsamster Fluss Bayerns ist die Altmühl geradezu perfekt für diese Art von Auszeit. Auch Paddelanfänger und Familien können dieses ultimative Sommervergnügen für Naturliebhaber genießen, denn die einzige Gefahr sind Wehre, die entweder über Bootsrutschen bestritten oder dank rechtzeitiger Warnschilder umgangen werden. Für mehrtägige Ausflüge gibt es spezielle Bootsrastplätze, wo man direkt an der Altmühl sein Zelt für die Nacht aufschlagen darf. Und dank eines perfekten Services von Bootsverleihern vor Ort, die auch den Rücktransfer zum Ausgangspunkt übernehmen, muss man sich um fast nichts kümmern.

Wer keine acht Tage Zeit hat für die komplette 153 Kilometer lange Tour auf der Altmühl vom Ursprung in Franken bis zur Mündung in Niederbayern, der steht vor der Qual der Wahl, welche Etappe er sich aussucht. Im oberbayerischen Teil, in dem circa die Hälfte der Strecke liegt, wäre da zum Beispiel gleich der erste Abschnitt bei Mörnsheim eine gute Idee, wo man den Fluss mit Schwung auf Bootsrutschen herunter gleitet, bevor in Dollnstein gemütliche Biergärten zum Aussteigen verleiten. Anschließend zieht auf dem Weg nach Breitenfurt der 45 Meter hohe Burgsteinfelsen mit seinen zahlreichen Kletterern alle Blicke auf sich. Ab hier öffnet sich das Tal, und es beginnt der Abschnitt, der früher das Gebiet der Ur-Donau war und sich auch heute noch unglaublich idyllisch präsentiert. Anschließend gibt es eine Stadttour der anderen Art, wenn es durch Eichstätt geht. Hier lassen sich selbst vom Wasser aus schon viele imposanten Bauwerke und prächtige Kirchen zu Füßen der Willibaldsburg bewundern.

Eckturm des nachgebauten, römischen Kastells bei Pfünz

Wer möglichst einsam unterwegs sein möchte, der sollte sich im oberbayerischen Teil die von Eichstätt flussabwärts gelegenen Abschnitte vornehmen. Nach wenigen Kilometern auf dem Wasser gelangt man beispielsweise nach Pfünz, wo eine Steinbrücke aus dem 15. Jahrhundert den Fluss überspannt und sich ein Besuch des teilweise wiederaufgebauten römischen Kastells Castra Vetoniana lohnt. Letzteres wurde im ersten Jahrhundert nach Christus auf einem 42 Meter hohen Jurasporn zwischen dem Tal der Altmühl und dem des Pfünzer Baches errichtet und ist Bestandteil des 2005 zum UNESCO-Weltkulturerbe erhobenen Obergermanisch-Raetischen Limes. Anschließend führt der Fluss durch eines der bedeutendsten Naturschutzgebiete im Umland, die Gungoldinger Wacholderheide. Diese ist im Mittelalter durch Waldrodung entstanden und wird bis heute durch Schafe beweidet, wodurch auf den sonnenverwöhnten und trockenen Hängen eine einzigartige und teilweise auch seltene Flora gedeiht.

Blick von der Arnsberger Leite auf die Altmühl bei Sonnenuntergang

Je weiter man nach Osten kommt, desto breiter wird der Fluss und gewinnt an Strömung. Das Tal wird offener, und wer die Bergkuppen absucht, sieht hin und wieder alte Burgruinen. Von der offiziellen Grenze zwischen Niederbayern und Oberbayern kurz hinter Kottingwörth sind es dann nur noch vier Kilometer, bis die Altmühl bei Dietfurt in den Main-Donau-Kanal mündet.

INFO

Lage: oberbayerischer Teil zwischen Altendorf (Gemeinde Mörnsheim) und Kottingwörth (Gemeinde Beilngries)

Anfahrt: Die genaue Anfahrt hängt vom Start- bzw. Zielort und dem Bootsverleiher ab. Beginnt man seine Wasserwanderung in Eichstätt, so liegt die Einsetzstelle beim Herzogsteg. Der große Parkplatz dort liegt direkt östlich vom Bahnhof auf der gegenüberliegenden Flussseite der Residenz.

Öffnungszeiten: immer

Eintritt: nichts

Aktivitäten: Paddeln, Baden

- Bootsverleihe: zahlreiche lokale Bootsverleihe finden sich entlang der Altmühl und bieten meist auch einen Rücktransport zum Ausgangspunkt an; Preise ab 25/30/35/40 EUR p. d. für 1er/2er/3er/4er-Kanu oder Kajak; *naturpark-altmuehltal.de/bootsvermietung*

Unterkünfte:

- Offizielle Bootsrastplätze: einfache, wildromantische Zeltplätze mit Toilette und Feuerstelle und teilweise auch Wasser und Unterstellhütte direkt an der Altmühl; vom 1. Mai bis 30. September geöffnet; keine Reservierung für Einzelreisende und Kleingruppen unter zehn Personen notwendig; Zeltplatz 3 EUR pro Nacht (max. zwei Nächte); *naturpark-altmuehltal.de/bootsrastplaetze*

Hinweise: Vor Beginn der Tour sollte man unbedingt Infos zu möglichem Hoch- oder Niedrigwasser einholen. Es darf nur an ausgewiesenen Stellen gezeltet, Feuer gemacht und das Boot zu Wasser gelassen werden. Auf die sensible Tier und Pflanzenwelt ist Rücksicht zu nehmen, in dem man z. B. nicht auf Kiesbänken anlandet und Abstand zu Schilf- und Uferzonen hält. Auf dem Wasser sind Schwimmwesten zu tragen.

2. Kipfenberg: Am Limes entlang der Grenze des Römischen Reiches

Mitten durch das Altmühltal verläuft das UNESCO-Welterbe Obergermanisch-Raetischer Limes, welcher die einstige Grenze im Norden des römischen Imperiums bildete. Auf den Spuren der alten Römer führt der Limesrundweg bei Kipfenberg entlang des einstigen Walls und zu einer beeindruckenden Wachtturmreplika, mit Blick über ein ehemaliges Kastell. Ein Ausflug für alle, die Geschichte gerne hautnah erleben.

Blick zur Burg in Kipfenberg

Ein idealer Ausgangspunkt für eine Limes-Wanderung ist der geografische Mittelpunkt Bayerns, genauer gesagt Kipfenberg. In der gleichnamigen Burg dort ist das Römer und Bajuwaren Museum untergebracht, welches ein perfekter Einstieg für alle Geschichtsinteressierten ist. Hier wird Wissen spannend vermittelt und anschaulich erlebbar gemacht. Außerdem ist dort der regionale Infopoint Limes untergebracht, der Besucher mit Informationen zu den zahlreichen Limes-Sehenswürdigkeiten im Altmühltal versorgt.

Der Limes ist das größte archäologische Denkmal Europas und diente zur Sicherung der Nordgrenze des Römischen Reiches. Um das Jahr 15 v. Chr. hatte Rom begonnen sein Imperium nördlich der Alpen auszudehnen, und um sich vor Überfällen der wilden, germanischen Stämme zu schützen, errichtete man einzelne Wachttürme. Diese wurden im Laufe der Zeit miteinander verbunden, und der Limes (lateinisch für Grenze) war geboren. Anfangs aus Holzpalisaden, wurde er in späteren Stadien aus Steinmauern gebaut. Der Obergermanisch-Raetische Limes war nur ein Teil der gigantischen Außengrenze des Römischen Reiches und erstreckte sich 550 Kilometer zwischen Rheinbrohl am Rhein und Kastell Eining an der Donau. Er bestand bis etwa 260 n. Chr., dem Ende der römischen Herrschaft in Raetien nördlich der Donau, und sein Verlauf ist auch heute noch vielerorts erkennbar.

Replika eines römischen Wachtturms bei Kipfenberg

Von Kipfenberg aus folgt man dem offiziellen, 18 Kilometer langen Limesrundwanderweg, welcher als Wanderweg 10 gut ausgeschildert ist. Im ersten Teil bis Hirnstetten hält er sich weitgehend an den Originalverlauf der einstigen römischen Nordgrenze, wobei der Schuttwall hier teilweise noch besonders gut erhalten ist. Über die Altmühlbrücke gelangt man vom Kipfenberger Marktplatz auf dem Weg nach Westen bereits nach kurzer Zeit zum bewaldeten Geländesporn des Pfahlbucks, der von hoch aufragenden, steilen Felswänden getragen wird. Seit den ersten Ausgrabungen hier

Reste der ehemaligen Bebauung

Ende des 19. Jahrhunderts wurde unter anderem das steinerne Fundament eines ehemaligen Wachtturms entdeckt.

Um Besuchern einen Eindruck geben zu können, wie solch ein Bauwerk aussah, hat man eine hölzerne Vorgängerversion inklusive Balustrade und einem Teilstück Palisadenzaun so originalgetreu wie möglich rekonstruiert. Aus einer luftigen Höhe von acht Metern bietet sie Besuchern einen perfekten Blick links und rechts entlang der Limesmauer bis ins Tal zum ehemaligen Kastell Böhming, dessen überwachsener, viereckiger Grundriss heute nur noch schemenhaft zu erkennen ist. Innerhalb der markanten, eineinhalb Meter hohen Wallkanten findet sich nun allerdings eine Kirche mit Friedhof und Nebengebäude. Durch diesen direkten Blickkontakt und einer Sicht über das gesamt Altmühltal von Böhming bis Ilbling abwärts war dieser wiederaufgebaute Turm strategisch besonders wichtig. Nachrichten anderer Türme liefen hier zusammen, und im Notfall konnten die im Kastell stationierten Truppen schnell mobilisiert werden, um einzugreifen.

Rekonstruierter Palisadenzaun

Im Dorf Hirnstetten verlässt man den ursprünglichen Limesverlauf, biegt nach Süden ab und geht im Wald nach links Richtung Pfahldorf weiter. Von hier aus wandert man Richtung Altmühl, im Norden an Böhming vorbei und anschließend wieder nach Kipfenberg zurück.

INFO

Lage: 15 Kilometer nordöstlich von Eichstätt

Anfahrt: Verlässt man das Eichstätter Zentrum Richtung Osten über anfangs die Römerstraße und anschließend die Kipfenberger Straße, so gelangt man mehr oder weniger entlang der Altmühl nach circa 23 Kilometern nach Kipfenberg. Am Marktplatz biegt man nach rechts auf die Haderstraße ab, verlässt diese allerdings schon nach wenigen Metern um nach links auf die Burgstraße zu gelangen, die einen nach einem Kilometer zum Römer und Bajuwaren Museum bringt.

Öffnungszeiten: immer

Eintritt: nichts

- Römer und Bajuwaren Museum: archäologisches, volkskundliches und heimatkundliches Museum, das Geschichte anschaulich erleben lässt; Öffnungszeiten von Montag bis Samstag von Juni bis August von 10 bis 18 Uhr sowie im April, Mai, September und Oktober von 10 bis 16 Uhr, außerdem immer sonntags und feiertags von 10 bis 16 Uhr (November bis März) bzw. von 10 bis 18 Uhr (April bis Oktober); 5/2,50 EUR Erwachsener/Kind (bis 17 J.); Burg Kipfenberg, Burg 1, 85110 Kipfenberg, Tel.: 08465 905707, *bajuwaren-kipfenberg.de*

Aktivitäten: Wandern

Unterkünfte:

- Hotel & Gasthof Zur Linde: einfaches Hotel in idyllischer Lage mit Naturschwimmteich; Doppelzimmer ab 100 EUR; Bachweg 2, 85110 Kipfenberg/Schambach, Tel.: 08465 94150, *linde-altmuehltal.de*
- Zum Blauen Hecht: familiengeführtes Gasthaus im traditionellen Altmühl-Fischerdorf Grösdorf; Doppelzimmer ab 70 EUR; Irlahüller Weg 2, 85110 Kipfenberg/Grösdorf, Tel.: 08465 1066, *zumblauenhecht.de*

3. Fossiliensteinbruch Schamhaupten: Archäologe für einen Tag

In einem privaten Steinbruch im Schambachtal werden Kindheitsträume wahr. Wie ein waschechter Archäologe darf man hier im östlichen Altmühljura selbst nach versteinerten Fossilien suchen und den Tag in der Hoffnung auf den großen Fund verbringen – ein Heidenspaß für Jung und Alt.

Der Schamhauptener Steinbruch der Familie Gerstner liegt in einer Talsohle im Jura des Altmühltals und besteht aus Plattenkalk und Schiefer. Heute ist der öffentlich zugängliche Teil kleiner als noch vor ein paar Jahren, da sich die Besitzer leider genötigt sahen ihn

Besuchergruppe im Steinbruch

einzugrenzen. Ein unehrlicher Finder hatte hier im Jahr 2010 nämlich doch tatsächlich die versteinerten Überreste eines 150 Millionen Jahre alten Archaeopteryx entdeckt. Von diesem Tier, das halb Reptil, halb Vogel war, gibt es weltweit nur zwölf bekannte Exemplare, die dementsprechend wertvoll sind. Doch statt wie vorgeschrieben den Eigentümern des Steinbruchs den wertvollen Fund zu melden, um ihn gerecht zu teilen, machte er sich aus dem Staub, und es dauerte bis 2014, dass dies bekannt wurde.

Erhalten haben die Gerstners bis heute nichts. Sie befürworten, dass große Funde der Öffentlichkeit gehören und ausgestellt werden. Doch nach einer kurzen Schließung des gesamten Steinbruchs haben sie mit diesem Kapitel abgeschlossen und einen Bereich wieder für Hobbyarchäologen freigegeben. In den Teil, in dem der Archaeopteryx und einige weitere besondere Fossilien gefunden wurden, dürfen jedoch nur noch Wissenschaftler denen die Familie vertraut, dass sie die Funde nicht einfach entwenden.

Auch wenn dadurch die Chance auf einen Archaeopteryxfund deutlich geschrumpft ist: Wissen kann man nie, was sich zwischen den Steinplatten findet. Und selbst wenn es kein weltbewegender Fund ist, kann man hier unzählige Tiere und Pflanzen entdecken, die das Herz eines jeden Hobbyarchäologen höher schlagen lassen. Das Schöne daran ist, dass man alles behalten darf, was nicht ein über 30 Zentimeter langer Fisch ist oder Teil eines Wirbeltiers. Ammoniten, versteinerte Gräser, Farne und Blätter sowie kleine Muscheln darf man somit mit nach Hause nehmen. Ebenso wie Dendriten, welche als sogenannte Pseudofossilien keinen organischen Ursprung haben, sondern Ablagerungen von im Sickerwasser gelösten eisen- und manganhaltigen Mineralien sind und wunderschöne Rosetten bilden können.

Zur Ausrüstung eines jeden Hobbyarchäologen sollten festes Schuhwerk sowie Hammer und Meißel, eine Schutzbrille und Papier zum sicheren Verpacken und Transportieren möglicher Funde zählen. Bevor man sich ans Werk macht, ist es hilfreich und interessant zugleich, die Informationstafeln entlang des Fossilien-Lehrpfades am Steinbruch zu lesen. Anschließend kann man sich

Erfolgreiche Suche im Steinbruch

eine vielversprechende Stelle suchen und anfangen, mit seinem Werkzeug die Steinplatten zu brechen und zu spalten. Abgehobene Schichtpakete öffnet man vorsichtig durch gefühlvolles Klopfen mit Hammer und Meißel, welcher dabei an mehreren Stellen rings um die Platte angesetzt wird. Selbst wenn man auf den ersten Blick vielleicht nichts sieht, lohnt sich oft ein zweiter Blick mit einer Lupe, um kleine Fossilien zu entdecken.

Mit Geduld und Ausdauer gehen die meisten Besucher mit einem kleinen Andenken an diesen Tag nach Hause. Was genau es sein wird, ist purer Zufall gemischt mit einem Quäntchen Glück.

INFO

Lage: 20 Kilometer nordöstlich von Ingolstadt

Anfahrt: Auf der Autobahn A9 nimmt man die Ausfahrt Ingolstadt-Nord und fährt Richtung Großmehring. Nach drei Kilometern verlässt man den Kreisverkehr an der dritten Ausfahrt und fährt über Demling, Theißing und Oberdolling. Nach dem letzten Ort sind es knappe acht Kilometer bis zu einem weiteren Kreisverkehr, an dem man die dritte Ausfahrt nimmt und der Straße durch Sandersdorf folgt. In Schamhaupten angekommen nimmt man in der Ortsmitte vor dem Kindergarten die Augustinerstraße nach links, gleich darauf die Rot-Kreuz-Straße nach rechts und nach 200 Metern die Bergstraße wieder nach rechts. Dieser sich schlängelnden Straße folgt man 700 Meter und biegt dann nach links auf den ungeteerten Feldweg zum 400 Meter entfernten Parkplatz beim Steinbruch ab.

Öffnungszeiten: 1. April bis 31. Oktober täglich von 9 bis 18 Uhr

Eintritt: nichts

Aktivitäten: Fossiliensuche

Unterkünfte:

- Urlaubsbauernhof Gerstner: unweit vom Steinbruch gelegener und besonders für Familien mit Kindern geeigneter Bauernhof, dessen Eigentümern auch der Steinbruch gehört; Ferienwohnung ab 58 EUR und Doppelzimmer ab 72 EUR; Bergstraße 18a, 93336 Schamhaupten, Tel.: 09446 1330, *urlaubsbauernhof-gerstner.de*
- Zur Post: modernes Boutique-Hotel in der historischen Altstadt von Vohburg; Doppelzimmer ab 100 EUR; Donaustraße 31, 85088 Vohburg, Tel.: 08457 9368000, *boutique-hotel-vohburg.de*

Hinweise: Notwendiges Werkzeug wie Hammer und Flachmeißel muss mitgebracht werden, da es keinen Verleih vor Ort gibt. Am besten hat man auch eine Schutzbrille dabei. Die Platzordnung ist einzuhalten. Dazu zählt beispielsweise, dass man pro Person nur auf einer Fläche von fünf Quadratmetern maximal 40 Zentimeter tief abbauen darf und Funde von Fischen mit mehr als 30 Zentimetern Länge sowie von (Resten von) Wirbeltieren sofort den Steinbrucheigentümern anzuzeigen sind, da diese automatisch zu 50 Prozent Miteigentümer sind.

4. Donau-Auen: Bayerisches Auenland

Mit einer Fläche von 2100 Hektar ist der Donau-Auwald zwischen Neuburg und Ingolstadt eine der größten noch vorhandenen Auenlandschaften in Deutschland. Besucher können in diesem Paradies der Biodiversität seltene Flora und Fauna entdecken und erleben, wie die Natur hier funktionierte, bevor der Mensch den mäandernden Fluss ab dem 19. Jahrhundert begradigte und aufstaute.

Wild und urig ist die Landschaft entlang der Donau zwischen Neuburg und Ingolstadt.

Ungefähr 20 Kilometer lang erstrecken sich die Auen zwischen Neuburg an der Donau und Ingolstadt. Die eigentlichen Waldflächen werden ergänzt durch eine Vielzahl anderer Lebensräume und sind Heimat für eine beeindruckende Vielfalt an Tieren und Pflanzen. Gelbbauchunke, Hirschkäfer, Eisvogel und Biber fühlen sich ebenso wohl wie Frauenschuh und Kreuz-Enzian.

Idealer Ausgangspunkt zur Erkundung dieses Naturjuwels ist das Aueninformationszentrum im Schloss Grünau östlich von Neuburg. Eine Ausstellung vermittelt Wissen über die Flussauen und deren Bedeutung für den Hochwasser- und Natur-

Schloss Grünau

schutz, wobei besonders Umweltbildung und Naturerfahrung einen hohen Stellenwert haben. Dabei lernt man, welche Biotope es in der Aue gibt, warum man heutzutage Flüsse renaturiert, was ein Auendynamisierungsprojekt ist und vieles mehr. Gefüllt mit Wissen lässt sich dann die Auenlandschaft noch intensiver erkunden.

Mehrere Themenwege mit zahlreichen Infotafeln schlängeln sich durch die Donau-Auen. Die „Große Auenrunde" lässt sich am besten per Fahrrad oder teilweise zu Fuß erkunden. Auf 26 Kilometern führt sie von der Staustufe Ingolstadt entlang des nördlichen Donauufers bis zur Staustufe Bergheim, über das Schloss Grünau und am südlichen Flussufer wieder zurück. Dabei trifft man auf der ersten Hälfte auf den Themenweg „Kulturlandschaft Eichenwald", welcher auf siebeneinhalb Kilometern beim neu errichteten Holzpavillon südwestlich von Gerolfing beginnt und als Rundweg am Schafirrsee vorbei geht. In kaum einer anderen Gegend in Mitteleuropa findet man eine so gut erhaltene Mischung an historischen Landschaftselementen, wobei besonders der urige Eichenwald einen in die Vergangenheit zurückversetzt. Der Weg „Zurück zur Natur" entlang des südlichen Donauufers ist ebenso lang und verbindet die Stadt Neuburg mit dem Aueninformationszentrum.

Hochwasser gehört zum Lebenszyklus von Auen.

Kürzer, doch nicht weniger interessant geht es bei dem Themenweg „Wittelsbacher Kulturland“ zu, welcher über das landschaftliche Kulturerbe des Wittelsbacher Königshauses informiert, zu dem Schloss Grünau gehörte. „Mit allen Sinnen“ bietet eine einmalige Kombination von Kunst- und Erlebniselementen, doch der wohl spannendste von allen Wegen ist der namens „Die Aue lebt“. Hier darf der Besucher nur mithilfe eines Flyers, aber ohne Wegweiser und Informationstafeln, die Dynamisierungsmaßnahmen in den Auen selbst finden und erleben. Dieses Projekt schafft auf technische Art und Weise wieder ursprüngliche Verhältnisse. So wurde der naturnah gestaltete Ottheinrichbach geschaffen, und künstlich gesteuerte, ökologische Flutungen simulieren historische Auenbedingungen. Diese formen extreme Lebensräume, die starken

Grundwasserschwankungen und regelmäßigen Hochwassern ausgesetzt sind, und lassen nur speziell angepasste Pflanzen und Tiere überleben.

Um dieses Juwel Donau-Auen für zukünftige Generationen zu erhalten, hat sich sogar eine Stiftung geformt, deren langfristiges Anliegen es ist, den Naturschutz der Auwälder voranzutreiben. Sie setzt sich dafür ein, alle Staatswälder im Bereich des von der bayerischen Staatsregierung verworfenen „Nationalpark Donau-Auen" als Naturschutzgebiet auszuweisen. Wer weiß ... vielleicht deklariert man hier bei so viel Engagement doch noch einmal einen weiteren bayerischen Nationalpark.

INFO

Lage: entlang der Donau zwischen Neuburg an der Donau und Ingolstadt

Anfahrt: Von der Autobahn A9 fährt man südlich von Ingolstadt bei der Ausfahrt Manching ab und folgt der Bundesstraße B16 Richtung Neuburg. Nach 18 Kilometern erreicht man die Kreuzung Bruck, an der man nach rechts fährt und der Straße bis zum Kreisverkehr folgt, an dem man die zweite Ausfahrt nimmt. Am darauffolgenden Kreisverkehr nimmt man die erste Ausfahrt, um den Parkplatz des Auenzentrums zu erreichen. Von dort aus sind es fünf Minuten zu Fuß zum Schloss Grünau.

Öffnungszeiten: immer

Eintritt: nichts

Aktivitäten: Wandern, Radfahren, Tierbeobachtungen

Unterkünfte:

- Aussicht: modernes Bio-Hotel in altem Gemäuer direkt an der Donau in der Stadt Neuburg; Doppelzimmer ab 135 EUR; Amalienstr. 27, 86633 Neuburg an der Donau, Tel.: 08431 431220, *die-aussicht.de*
- Block Hotel & Living: stylisches Boutique-Hotel im Nordosten von Ingolstadt; Doppelzimmer ab 82 EUR; Hermann-Paul-Müller-Str. 15, 85055 Ingolstadt, Tel.: 0841 953450, *hotel-block.de*

5. Hopfenlehrpfad Wolnzach: Auf den Spuren des Bier-Aromas

Was wäre Bayern bloß ohne sein Bier. Einer der nur drei erlaubten Inhaltsstoffe laut Bayerischem Reinheitsgebot von 1516 ist Hopfen, und dieser wird vor allem in der Hallertau angebaut. Welch wichtige Rolle er im Brauprozess spielt und vieles Weitere lernt man auf dem Hopfenlehrpfad bei Wolnzach, der sich durch das Anbaugebiet schlängelt.

Im größten zusammenhängenden Hopfenanbaugebiet der Welt wird heute circa ein Drittel der globalen Hopfenernte und über 80 Prozent der deutschen produziert. Seit dem 8. Jahrhundert wird Hopfen hier angebaut, und mittlerweile erstreckt sich die Fläche auf über 2400 Quadratkilometer. Um einen Einblick in seinen Anbau und seine Verwendung zu bekommen, bietet sich der lehrreiche

Der Lehrpfad lässt sich auch per Rad erkunden.

Hopfen- und Naturlehrpfad im Herzen der Holledau (der lokale Begriff für Hallertau) bei Wolnzach an. Dabei lernt man nicht nur Wissenswertes über das „grüne Gold", sondern auch viel Interessantes zu dieser Kulturlandschaft. Außerdem werden typische Wild-, Wald- und Kulturpflanzen beschrieben und ökologische Zusammenhänge erklärt.

Hopfenreben in ihrer vollen Pracht

Der Beginn des vier Kilometer langen Rundwanderwegs ist der Parkplatz am westlichen Rand des Ortes Wolnzach. Von dort aus führt die Straße Edenthal auf die Felder hinaus, wobei man am besten an der ersten Weggabelung auf den rechten Zweig abbiegt. Hier kommt man schon bald zu den Hopfenfeldern, welche kurz vor der Ernte von Mitte August bis Mitte September besonders beeindruckend sind. Bis zu sieben Meter recken sich dann die Ranken an Drahtgeflechten entlang in die Höhe, und üppig hängende Dolden zieren das satte Laub. Sie sind reif für die Trocknung und Weiterverarbeitung, wenn die pulverförmigen, gelben Hopfenharze herausrieseln und ihren aromatischen Duft verbreiten.

Am Waldrand entlang geht es bis kurz vor die Staatsstraße und anschließend in einem scharfen Haken in das Waldstück linker Hand. Nach wenigen Hundert Metern kommt man wieder hervor, und ein weiteres Hopfenmeer breitet sich vor einem aus. Für den Fall, dass man in Versuchung gerät nachzuzählen: 2000 Einzelpflanzen werden pro Hektar gepflanzt. Glücklicherweise müssen sie

Infotafel entlang des Weges

nicht jedes Jahr neu eingesetzt werden, da Hopfen eine Dauerkultur wie Wein ist. Das heißt, dass er jedes Jahr im Frühjahr wieder aus dem Stock heraus treibt und neu wächst. Dabei werden die meisten Sorten ungefähr 15 Jahre alt, manche sogar 70.

Immer den insgesamt 26 Lehrtafeln folgend schlägt der idyllische Weg noch ein paar mehr Haken, und man erfährt unter anderem, dass der Hopfen nicht nur im Bier schmeckt. So hat schon Hildegard von Bingen festgestellt, dass er auch medizinische Zwecke hat. Kein Wunder also, dass er auch heute noch in der Pharmazie als Arzneipflanze verwendet wird.

Lehrreich und informativ sind die zahlreichen Schilder am Wegesrand.

Wer trotz all der liebevoll aufbereiteten Informationen nach dem Rundweg noch unbeantwortete Fragen hat, kann anschließend noch im Deutschen Hopfenmuseum in Wolnzach vorbeischauen. Hier werden außerdem regelmäßig Bierseminare und -verkostungen angeboten.

INFO

Lage: zehn Kilometer nordöstlich von Pfaffenhofen an der Ilm

Anfahrt: Von der Autobahn A9 fährt man am Dreieck Holledau ab und folgt den Schildern nach Wolnzach auf der A93. Die Ausfahrt Wolnzach nehmend biegt man beim Feuerwehrhaus nach rechts auf die Preysingstraße ab und folgt dem Straßenverlauf, der nach der Tankstelle einen Knick erst stark nach links und dann nach rechts macht. Weitere 500 Meter später fährt man von der Auenstraße nach links auf die Schloßstraße und folgt dem Straßenverlauf nach rechts auf die Wendenstraße bis zu den letzten Häusern auf der linken Straßenseite. Dort fährt man auf die Straße Edenthal ab, entlang deren Beginn sich der offizielle Parkplatz für den Hopfenlehrpfad befindet.

Öffnungszeiten: immer

Eintritt: nichts

Aktivitäten: Wandern

- Deutsches Hopfenmuseum: alles rund ums Thema Hopfen, vom Anbau über Handel bis hin zur Verwendung und Info; Dienstag bis Sonntag von 10 bis 17 Uhr geöffnet; 5/1 EUR Erwachsener/Kind (6 bis 18 J.); Elsenheimerstraße 2, 85283 Wolnzach, Tel.: 08442 7574, *hopfenmuseum.de*

Unterkünfte:

- Hotel Haimerlhof: historisches und gemütliches Hotel im Zentrum von Wolnzach; Doppelzimmer ab 115 EUR; Preysingstr. 7, 85283 Wolnzach, Tel.: 08442 956910, *haimerlhof.de*
- Moosburger Hof: Hotel mit angeschlossenem Restaurant im Herzen Pfaffenhofens; Doppelzimmer ab 110 EUR; Moosburger Straße 3, 85276 Pfaffenhofen an der Ilm, Tel.: 08441 2770080, *moosburgerhof.de*

6. Scheyrer Keltenweg: Spaziergang in die Vergangenheit

Berühmt ist der kleine Ort Scheyern heute für seine Benediktinerabtei und als Ursprung der jahrhundertelang in Bayern regierenden Wittelsbacher. Dabei hatte er selbst davor schon große Bedeutung: vor über 2000 Jahren siedelten sich hier nämlich Kelten an und hinterließen Denkmäler, welche die Landschaft bis heute verändert haben.

Hügelgräber und eine Viereckschanze sind die sichtbaren Hinterlassenschaften dieses alten Volkes, welche sich auf einem Spaziergang auf dem ausgeschriebenen Keltenweg im Scheyrer Forst entdecken lassen. Der gut zehn Kilometer lange Rundweg beginnt an der Westseite des Klosters, von wo aus man bei der Klosterbrauerei die Schottertraße zum ausgeschilderten Tennisplatz nimmt. Hierbei geht es unter mächtigen Linden, Buchen und Kastanien von der Anhöhe hinab. Am Ende des kleinen Wäldchens lugt zwischen den

Der Prielhof

Basilika im Kloster Scheyern

Obstbäumen der Prielhof hervor, ein Vierseithof aus dem 18. Jahrhundert, der zum Kloster gehört und biologisch bewirtschaftet wird. Wer genau hinschaut, entdeckt zwischen den Apfel- und Zwetschgenbäumen außerdem eine ständige Wechselausstellung von Holz-, Stein- und Metallbildhauern aus der Region.

Linker Hand erstreckt sich eine Reihe von Weihern, die es sich lohnt ein wenig genauer in Augenschein zu nehmen, während man an ihnen entlang weiterwandert. In einem findet sich nämlich die seltene Wassernuss, eine Pflanze, die es in ganz Bayern nur hier wild gibt. Kurz vor dem letzten Weiher biegt man auf den Weg nach rechts ab und geht die Anhöhe in den Wald hinauf. Dabei sollte man besonders am frühen Morgen oder Abend seinen Blick über die Felder dieser eiszeitlichen Hügellandschaft schweifen lassen, um eventuell Fasane und Hasen zu entdecken.

Nach einem Kilometer durch den Mischwald erreicht man eine T-Kreuzung, an der man sich nach rechts wendet. Kurz bevor man auf die Wiese mit Blick auf das kleine Dorf Winden kommt, verstecken sich rechter Hand zwei keltische Hügelgräber. Die ungefähr 2300 Jahre alten Grabstätten sind zwar kaum mehr als leichte

Erhebungen im Forst, die von Bäumen bewachsen sind, und fallen außer ihrer Höhe fast nicht mehr auf. Doch es beflügelt die Fantasie von Jung und Alt, sich vorzustellen, dass sich im Inneren ein uraltes Grab befindet, vielleicht sogar mit Grabbeilagen. Um sie vor Grabräubern und Tieren zu schützen, sind solche Grabkammern aus Holz in der Regel mit Unmengen an Steinen beschwert, welche durch darüber angehäufte Erde fast unsichtbar gemacht wurden.

Der offizielle Weg führt weiter auf die Wiesen bei Winden entlang, durch ein kleines Waldstück nach Süden und anschließend quer durch den Forst nach Osten. Kommt man dort kurz aus dem Wald heraus, befindet man sich plötzlich auf einem Zubringerweg zur Hauptroute der weltberühmten Wallfahrt nach Santiago de Compostela. Um zur Keltenschanze zu gelangen, wandert man allerdings nicht Richtung Spanien weiter, sondern nimmt den Weg links, nach Nordosten. Dieser bringt einen letztendlich an Fernhag vorbei

Das Kloster Scheyern

die restlichen drei Kilometer zurück nach Scheyern. Doch zuvor passiert man nach wenigen Hundert Metern rechter Hand das zweite Ziel dieses Spaziergangs, die Keltenschanze.

Das Alter der viereckigen Schanze wird auf 2500 Jahre geschätzt. Ihr Grundriss ist aufgrund des Bewuchses nicht leicht zu erkennen, doch bei genauer Suche und mit etwas Vorstellungskraft lassen sich die 120 beziehungsweise 75 Meter langen Randwälle erahnen. Archäologische Ausgrabungen fanden hier noch nicht statt, doch weiß man heute, dass solche Schanzen meist nicht nur kultische Bedeutung hatten, sondern auch eine zentrale Rolle im alltäglichen Leben einer keltischen Siedlung einnahmen.

INFO

Lage: fünf Kilometer südwestlich von Pfaffenhofen an der Ilm

Anfahrt: Vom Bahnhof in Pfaffenhofen folgt man der Schrobenhausener Straße nach Westen, bis man nach knappen zwei Kilometern auf die Niederscheyerer Straße nach links abbiegt. Nach weiteren zwei Kilometern trifft man im Ort Mitterscheyern auf die Scheyerer Straße, der man noch einmal so weit nach links folgt, um in den Ort Scheyern selbst zu gelangen. Hat man das Kloster passiert, nimmt man die erste Straße nach rechts, entlang derer sich links ein öffentlicher Parkplatz befindet.

Öffnungszeiten: immer

Eintritt: nichts

Aktivitäten: Wandern

Unterkünfte:

- Hotel Schyrenhof: kleines, einfaches Hotel in der Klosteranlage, das an die Klosterschenke angeschlossen ist; Doppelzimmer ab 75 EUR; Schyrenplatz 1, 85298 Scheyern, Tel.: 08441 27890, *klosterschenke-scheyern.de*
- Moosburger Hof: Hotel mit angeschlossenem Restaurant im Herzen Pfaffenhofens; Doppelzimmer ab 110 EUR; Moosburger Straße 3, 83376 Pfaffenhofen an der Ilm, Tel.: 08441 2770080, *moosburgerhof.de*

Münchner Umland

Auf dem Weg zur Maisinger Schlucht

Münchener Umland

7. Weltwald Freising: Globetrotten im Kranzberger Forst
8. Isarauen: Grünes Idyll entlang der Mittleren Isar
9. Amperauen: Natur pur vor den Toren Fürstenfeldbrucks
10. Ebersberger Forst: Wo sich Wildschwein und Hirsch „Gute Nacht" sagen
11. Maisinger Schlucht: Wasserwanderung abseits vom Starnberger Trubel
12. Leutstettener Moos: Auf Erkundungstour im verlandeten Würmsee

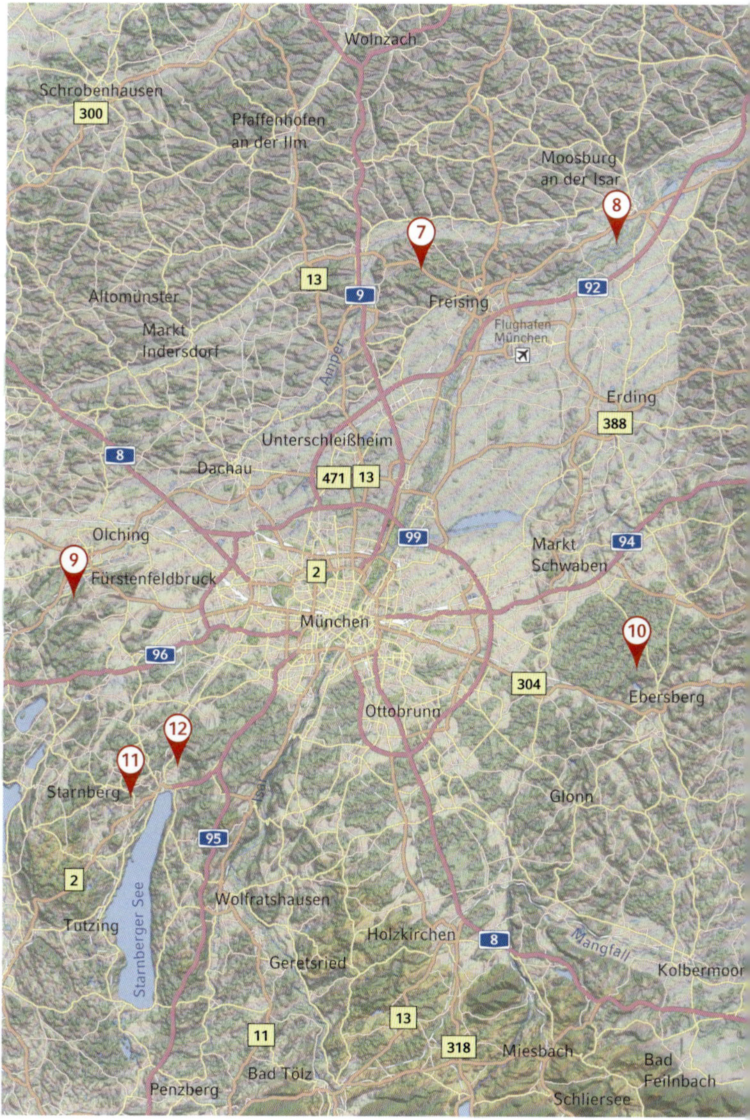
Wolnzach
Schrobenhausen
300
Pfaffenhofen an der Ilm
Moosburg an der Isar
8
7
13
9
92
Altomünster
Freising
Flughafen München
Markt Indersdorf
Amper
Erding
388
Unterschleißheim
8
Dachau
471
13
99
Olching
Markt Schwaben
94
9
Fürstenfeldbruck
2
München
10
96
304
Ebersberg
Ottobrunn
12
11
Starnberg
Glonn
Isar
95
2
Wolfratshausen
Tutzing
Starnberger See
Holzkirchen
8
Mangfall
Kolbermoor
Geretsried
13
11
318
Miesbach
Bad Feilnbach
Bad Tölz
Penzberg
Schliersee

7. Weltwald Freising: Globetrotten im Kranzberger Forst

Auf einer Fläche von rund 100 Hektar findet man bei Freising das Bayerische Landesarboretum. Seit 1987 wurden hier Bäume und Sträucher aus der ganzen Welt angepflanzt, und stetig wird die Kollektion vergrößert. Wer Lust auf einen kleinen Weltenbummel hat, braucht das Land also gar nicht zu verlassen.

Nordamerika, Asien oder Europa – wer den Weltwald betritt, hat erst einmal die Qual der Wahl sich zu entscheiden, welchen Kontinent er als erstes besuchen möchte. Je nachdem wie flott und ausdauernd man unterwegs ist, kann man zu Fuß oder mit dem Fahrrad losziehen. Zutritt verschaffen sechs verschiedene Eingänge, die rund um den Weltwald herum verteilt sind. Einmal drin, kann man dann frei aus dem dichten Wegenetz wählen, oder man folgt den vier Themenwegen, die teils sogar über Trampelpfade ins Bestandsinnere führen.

Das Herz des Weltwalds bildet der Zentralpavillon, in dem wechselnde Ausstellungen zu sehen sind, wie zum Beispiel ein Vergleich der Forstwirtschaft in Deutschland und den USA. In unmittelbarer Nähe findet sich das über 1000 Jahre alte Kirchlein St. Clemens, welches als letztes noch stehende Gebäude des ehemals hier existierenden Weilers Oberberghausen übrig geblieben ist. Dieser bestand aus vier Höfen, die Ende des 19. Jahrhunderts allerdings von der staatlichen Forstverwaltung aufgekauft und abgerissen wurden.

Drei weitere kleinere Pavillons sind über das Gelände verteilt und informieren über die nahe Umgebung. Die sogenannten „Gärten der Kontinente" sind besonders bei Familien beliebt, da sie auf spielerische Weise kulturelle Einblicke in die Heimatländer der Weltwaldbäume geben. Verstreut liegen die vier Spezialsammlungen Botanikum (Gehölze), Populetum (Pappeln), Rosaceum (Rosengewächse) und Salicetum (Weiden). Überall im Wald finden sich lauschige Plätze zum Entspannen sowie Bänke zum Rasten, und

130 Jahre alte Pennsylvanische Esche

Im Europa-Garten

Kunstliebhaber können eine stetig wachsende Ausstellung an Holzskulpturen entdecken, die über den Wald verteilt sind.

Im Norden und Nordosten des Aboretums findet man den amerikanischen Kontinent repräsentiert, der die Möglichkeit bietet Bäume aus Kanada und Alaska, den Rocky Mountains, den Appalachen, und von der Pazifikküste sowie den Großen Seen zu bewundern. Der 1400 Meter lange Themenpfad „Nordamerika Ost" führt durch Laubwälder mit Zuckerahorn, Zweifarbiger Eiche, Tulpenbaum und Gelb-Birke und bietet im Herbst zur Zeit des „Indian Summer" einen wahren Farbregen. Der etwas kürzere Weg „Nordamerika West" hingegen bringt einen an interessanten Nadelbäumen wie Douglasie, Gelb-Kiefer oder dem imposanten Mammutbaum vorbei. Passend zum Kontinent gibt es sogar ein kleines Indianerdorf für Kinder im Felsengebirge des Amerika-Gartens.

Im Westen des Weltwaldes sind Europa und Vorderasien vertreten. Dabei trifft man nicht nur auf bekannte Vertreter aus Mitteleuropa, sondern auch Exoten aus Nord- und Südeuropa bis hin in den

Nahen Osten. Durch diesen Teil führt der längste Themenpfad mit zweieinhalb Kilometern Länge, auf dem man die Diversität dieser Landmasse bewundern kann. Der Weg passiert Libanon-Zeder und Ungarische Eiche und bietet einen möglichen Abstecher zum Botanikum und zu einer durch Baum- und Strauchpflanzungen angedeuteten Burganlage, dem Europa-Garten.

Im Süden des Arboretums macht man einen Sprung nach Mittel- und Ostasien und taucht ein in die Welt von Zentral-China, Sibirien, Japan, Korea und des Himalaya. Auf 750 Metern führt der Themenpfad durch den Fernen Osten, vorbei an Japanischer Schirmtanne, Urweltmammutbaum sowie Hiba-Lebensbaum und mit Blick auf ein reizvolles Wiesentälchen. Ein wahrhaft gelungener Abschluss für einen Tag Weltreise.

INFO

Lage: fünf Kilometer westlich von Freising

Anfahrt: Von Freising aus nimmt man die nach Westen aus der Stadt hinausführende Thalhauser Straße Richtung Allershausen, welche zur Staatsstraße 2084 wird. Nach 2,7 bzw. drei Kilometern biegt man links in den Kranzberger Forst ein zu den zwei offiziellen Parkplätzen für Besucher des Weltwalds P1 Oberhausen bzw. P2 Eisweiher.

Öffnungszeiten: immer

Eintritt: nichts

Aktivitäten: Wandern

Unterkünfte:

- Hotel Bayerischer Hof: denkmalgeschütztes Hotel von 1874, direkt am Marienplatz in Freising; Doppelzimmer ab 102 EUR; Untere Hauptstraße 3, 85354 Freising, Tel.: 08161 538300, *bayerischerhof-freising.de*
- Gasthof Lerner: familiengeführtes Hotel mit angeschlossenem Restaurant; Doppelzimmer ab 84 EUR; Vöttinger Straße 60, 85354 Freising, Tel.: 08161 91646, *gasthof-lerner.de*

8. ISARAUEN: GRÜNES IDYLL ENTLANG DER MITTLEREN ISAR

Die Isar ist der Oberbayern liebster Fluss. Zumindest scheint es so, wenn man sich bei schönem Wetter die Massen an Sonnenanbetern an den Kiesstränden in München und die vielen Paddler zwischen Bad Tölz und der Landeshauptstadt so anschaut. Umso erstaunlicher ist es, dass das Gewässer nicht mehr viel Beachtung bekommt, sobald es München verlässt. Dabei wird es hier noch einmal so richtig wildromantisch.

Das Naturschutzgebiet Isarauen zwischen Hangenham und Moosburg hat eine beachtliche Größe von über 600 Hektar. Als einer der letzten Reste des Auwaldgürtels im Bereich der Mittleren und Unteren Isar hat es auch internationale Bedeutung und ist sogar Teil des Europäischen Schutzgebietes „Natura 2000". Der Auwald entlang beider Flussufer bietet einer Vielzahl von bedrohten Pflanzen- und Tierarten einen Lebensraum, wie man ihn nur noch selten in Bayern findet. Dazu zählen zum Beispiel der hier wieder heimisch gewordene Biber, aber auch seltene Gänsesäger, von denen es im ganzen Bundesland nur noch etwa 500 Brutpaare gibt.

Goldener Herbst in den Isarauen

Moosach bei Oberhummel

Anfang des 20. Jahrhunderts wurde die Mittlere Isar von der Münchner Stadtgrenze bis über Moosburg hinaus begradigt und in ein gleichförmiges Bett gezwängt. Der Bau eines Kanals reduzierte die Wassermenge im Hauptfluss drastisch, wodurch sich das Flussbett immer tiefer eingrub. Trotz dieser extremen Eingriffe hat sich zwischen der Landeshauptstadt und Landshut ein weitgehend geschlossener Auwald erhalten, dessen Wichtigkeit für das Ökosystem vor einigen Jahrzehnten erkannt wurde. Seit der Deklarierung zum Naturschutzgebiet im Jahr 1985 hat man die Wassermenge wieder erhöht, zusätzliche Rückhalteflächen zum vorbeugenden Hochwasserschutz gebaut und Deiche zurückverlegt, um ein Fortbestehen des Auwaldes zu sichern.

Wo die Isar hinter Garching nach Nordosten schwenkt und Freising passiert hat, erstrecken sich auf einer Länge von etwa zehn Kilometern und einer Breite von bis zu 700 Metern die Auen, die von zahlreichen Bachläufen durchzogen werden. Nicht viele Wege führen hier durch, was der Natur eine wunderbare Ruhe gibt – abgesehen von der parallel in einem Kilometer Entfernung laufenden Autobahn und dem Fluglärm der vom Münchner Flughafen startenden und landenden Maschinen.

Doch wer den von Menschen verursachten Lärm ausblendet und auf die Geräusche der Natur achtet, wird überrascht sein, was man hier alles hört. Es zwitschert und zirpt über einem, raschelt im Laub und in den Bäumen, und kreucht und fleucht um einen herum. Auf dem Wasser schnattern Stockenten, Eidechsen huschen aus dem Weg, Ringelnattern suchen unauffällig das Weite und Frösche sitzen gut getarnt im Anschwemmgut am Ufer.

Kiesbank mit Treibholz an der Isar

Entlang des Weges gibt es immer wieder Kiesbänke, welche die Isar nach Hochwassern und im Frühjahr nach der Schneeschmelze regelmäßig neu formt. Diese sind ökologisch besonders bedeutend, da sie einen extrem seltenen Lebensraum bieten. Auf ihnen finden sich außerdem die Leidtragenden einer manchmal vor Kraft nur so strotzenden Isar: von Wasser und Sonne gebleichte Baumleichen, die als wunderschönes Treibholz die Landschaft zieren.

Um dieses kleine Idyll an der Mittleren Isar zu genießen, hat man zwei Optionen. Entweder wandert man von Hangenham entlang der Nordseite des Flusses auf einem breiten Waldweg (der auch von Radfahrern genutzt wird) die zwölf Kilometer nach Moosburg nach Osten und wieder zurück. Oder man beginnt die Tour westlich des offiziellen Naturschutzgebiets im Süden der Isarbrücke bei Marzling und folgt dem Isarufer flussabwärts. Dabei wird der Weg nach der Überquerung des Angerbachs schmaler und führt als attraktiver Pfad bis zur Isarbrücke

Pfad am Südufer zwischen Marzling und Oberhummel

südlich von Oberhummel. Auf der anderen Flussseite geht es erst 500 Meter Richtung Ortschaft, bevor man nach zwei Abzweigungen nach links und über die Moosach wieder ans nördliche Isarufer gelangt und die insgesamt 17 Kilometer lange Runde in Marzling abschließen kann.

INFO

Lage: zehn Kilometer östlich von Freising

Anfahrt: Von München aus folgt man der Autobahn A92 nach Norden am Flughafen vorbei. An der Ausfahrt Freising-Ost verlässt man sie und biegt nach rechts auf die Bundesstraße B301 nach Marzling ab. Mitten im Ort geht es bei der Gaststätte „Zur Schmied'n" auf die Isarstraße nach Süden und bis zum Parkplatz auf der linken Seite vor der Isarbrücke. Für den Wanderbeginn bei Hangenham fährt man durch Marzling hindurch und nimmt am Ortsausgang im Kreisverkehr die erste Ausfahrt nach rechts. In Hangenham kann man an der Kirche parken und 100 Meter östlich von dort die Wanderung hinunter zur Moosach und Isar starten.

Öffnungszeiten: immer

Eintritt: nichts

Aktivitäten: Wandern, Tierbeobachtungen, Baden

Unterkünfte:

- Brandmayerhof: familiengeführtes Haus mit modern eingerichteten Zimmern; Doppelzimmer ab 95 EUR; Herrnstraße 10, 85445 Niederding, Tel.: 08122 9575490, *brandmayerhof.de*
- Hotel zum Erdinger Weißbräu: traditionsreiche Unterkunft mit Gaststätte und Biergarten inmitten der Altstadt von Erding; Doppelzimmer ab 126 EUR und Suite ab 179 EUR; Lange Zeile 1-3, 85435 Erding, Tel.: 08122 880010, *hotels-erdinger-erding.de*

Hinweis: Nach Starkregen kann es im Bereich der Mittleren Isar zu einer reduzierten Wasserqualität kommen.

9. AMPERAUEN: NATUR PUR VOR DEN TOREN FÜRSTENFELDBRUCKS

Urige Auwaldreste, dichte Schilfgürtel und reiche Laubwälder – das idyllische Naturschutzgebiet Amperauen mit Leitenwälder zwischen Fürstenfeldbruck und Schöngeising bietet eine beeindruckende Wildflusslandschaft. Auf einem interessanten Rundweg entlang beider Flussseiten lässt es sich in diesen reichen Mikrokosmos eintauchen.

Zusammen mit der Ammer bildet die Amper ein zusammenhängendes, 185 Kilometer langes Flusssystem. Dabei wird der Oberlauf bis zum Ammersee als Ammer bezeichnet und der zweite Teil vom Seeauslauf bis zur Mündung in die Isar bei Moosburg als Amper. Das seit 1986 ausgewiesene Naturschutzgebiet Amperauen mit Leitenwälder umfasst einen 185 Hektar großen und circa vier Kilometer lange Abschnitt. Hier windet sich der Fluss durch eine

Die Amper mit dem ehemaligen Zisterzienserkloster Fürstenfeld im Hintergrund

herrliche Landschaft mit teilweise kiesigen Flachufern. Altwasserarme formen kleine Inseln und großflächige Schilfbestände säumen das Ufer.

Die urigen Amperauen sind ein wahres Vogelparadies, und zahlreiche gefiederte Arten haben hier einen geschützten Lebensraum gefunden. Zu den eher seltenen Vertretern zählen zum Beispiel die Wasseramsel, der Eisvogel, die Waldohreule und der Große Brachvogel. Mit etwas Glück kann man sogar Schwarzstörche entdecken. Doch nicht nur in den Bäumen und in der Luft ist für den aufmerksamen Beobachter etwas geboten. Auf den Kiesbänken haben sich Erdkröten, Zauneidechsen und Blindschleichen angesiedelt. Und neben Kreuzottern und Schlingnattern gibt es ein bemerkenswertes Vorkommen an Ringelnattern. Außerdem sind hier in den letzten Jahren Biber wieder heimisch geworden. Die scheuen Nager sind zwar nachtaktiv und lassen sich eher selten tagsüber blicken, doch die von ihnen gefällten Bäume und errichteten Dämme sind allgegenwärtig.

Herbststimmung in den Auen

Den zwölf Kilometer langen Rundweg durch diese einmalige Landschaft beginnt man beispielsweise am ehemaligen Zisterzienserkloster Fürstenfeld im Süden von Fürstenfeldbruck. Dabei lohnt sich ein Abstecher in die Klosterkirche St. Maria, die als ein Hauptwerk des süddeutschen Spätbarocks gilt und mit Deckenfresken und Altären der Gebrüder Asam verziert ist. Über die Klosterstraße gelangt man entlang eines Seitenarms der Amper zum Hauptfluss und über eine Brücke auf die andere Seite, wo man dem Uferweg stromaufwärts folgt.

Bereits nach wenigen Metern verbreitert sich der Fluss. Ein Holzsteg führt auf den kleinen Stausee hinaus und bietet einen perfekten Aussichtspunkt für Vogelbeobachtungen. An Kleingärten vorbei geht es weiter, die Amper wird wieder schmaler, und man passiert eine öffentliche Badewiese am Flussufer. Nach zwei Kilometern trifft man kurz auf die Hauptstraße, bevor man wieder nach links zum Ufer hin abbiegt und in einer lang geschwungenen Rechtskurve entlang einer großen Wiese wandert.

Die Amperauen lassen sich auch mit dem Boot erkunden.

Erneut nähert man sich der Schöngeisinger Straße, biegt jedoch kurz vor dem Zusammentreffen nach links auf einen Trampelpfad ab, der einen durch einen zauberhaften Schilfgürtel der Amper führt. Hält man sich weiterhin immer nach links, erreicht man in einem weiten Bogen Schöngeising. Dort führen unweit der Kirche zwei Holzstege an einer Stelle über die Amperarme, wo bereits die alten Römer querten.

Auf der anderen Flussseite biegt man sofort nach links ab und wandert anfangs noch entlang des Ufers zum historischen Gut Zellhof. Ein Feldweg bringt einen an den Rand eines Gehölzes, in das es sich lohnt einen kleinen Abstecher über einen Stichweg zum sogenannten Eisenhutwald mit seinen auf feuchtem Moorboden wachsenden Eschen, Ahornen, Erlen und Hainbuchen zu unternehmen. Zurück auf dem Hauptweg erreicht man wenig später die sogenannten Leitenwälder, wo sich im Schutz des Hanges ein artenreicher Laubwald angesiedelt hat. Unter den Bahngleisen hindurch geht es zurück zum Klostergelände.

INFO

Lage: direkt südwestlich von Fürstenfeldbruck

Anfahrt: Vom Zentrum Fürstenfeldbrucks aus folgt man der Hauptstraße/Bundesstraße B2 nach Süden über die Amper. Nach der St.-Leonhard-Kirche biegt man nach rechts ab auf die Fürstenfelder Straße, nimmt an der Straßengabelung die Bahnhofstraße nach links und fährt an der nächsten Kreuzung auf die Oskar-von-Miller-Straße nach rechts. Von hier ist es nur noch ein knapper Kilometer bis zum großen Parkplatz beim Kloster. Der vorgeschlagene Beginn der Wanderung beim Klosterweg findet sich 100 Meter weiter westlich nach einer Brücke über einen kleinen Seitenarm der Amper.

Öffnungszeiten: immer

Eintritt: nichts

Aktivitäten: Wandern, Baden, Tierbeobachtungen

Unterkünfte:

- Romantik Hotel Post: traditionsreiches Hotel im historischen Kern von Fürstenfeldbruck mit Zimmern im Biedermeier- oder englischen Landhausstil; Doppelzimmer ab 125 EUR; Hauptstraße 7, 82256 Fürstenfeldbruck, Tel.: 08141 31420, *hotelpost-ffb.de*
- Hotel Hartmann: in fünfter Generation geführtes Hotel mit Fassade im barockisierenden Jugendstil direkt am Amperufer gelegen; Doppelzimmer ab 100 EUR; Leonhardsplatz 1, 82256 Fürstenfeldbruck, Tel.: 08141 5014630, *hartmannhotel.de*

Hinweis: Es empfiehlt sich unbedingt ein Fernglas mitzubringen um die zahlreichen Vögel aus der Entfernung beobachten zu können. Zum Schutz der fragilen Flora und Fauna ist auf den Wegen zu bleiben.

10. Ebersberger Forst: Wo sich Wildschwein und Hirsch „Gute Nacht" sagen

Schon der Name verrät es: Im Ebersberger Forst fühlt sich das Schwarzwild sauwohl. Doch auch Rotwild zählt zu den tierischen Bewohnern und lässt sich mit etwas Glück auf Streifzügen durch das riesige Waldgebiet östlich von München entdecken. Mit gutem Kartenmaterial ausgerüstet steht einem spannenden Waldspaziergang so nichts mehr im Wege.

Alte Buchen im Forst

Mit einer Größe von ungefähr 90 Quadratkilometern ist der Ebersberger Forst einer der größten zusammenhängenden und siedlungsfreien Wälder Deutschlands. Den Großteil bildet ein eingezäunter Wildpark im Westen, welcher selbst noch einmal extra abgetrennte Wild-Ruhezonen beinhaltet, in denen die Jagd komplett verboten ist. Kein Wunder also, dass sich in dem weitläufigen Gebiet eine gesunde Population an Wildschweinen und Hirschen entwickelt hat.

Schaut man sich den Ebersberger Forst auf einer Karte an, sieht er jedoch im ersten Moment alles andere als wild aus. Wie ein Schachbrett erscheint er durch die perfekt parallel und in gleichen Abständen gezogenen Forststraßen, die ihn durchschneiden. Diese wurden im 18. Jahrhunderts angelegt, um im Winter räumbare Wege zur einfacheren Forstbewirtschaftung zu schaffen. Im Zuge dieser Entwicklung wurde auch die heute noch prägende Fichtenmonokultur angelegt, die zwar einen hohen Holzertrag liefert, aber bekanntlich anfällig für Wetterkapriolen und Schädlinge ist. In den letzten Jahrzehnten hat jedoch ein Umdenken stattgefunden, und die Umwandlung in einen Mischwald wird vorangetrieben. Wie so etwas aussieht sieht man besonders schön im leicht hügeligen Moränengebiet an der Südostgrenze des Forstes, wo Kiefern, Tannen, Lärchen, Eichen, Linden, Buchen und andere Laubbaumarten einen herrlich bunten und gesunden Wald bilden.

Um diese Gegend zu erkunden, empfiehlt sich ein Wanderbeginn beim Waldfriedhof am Spannleitenberg in Kirchseeon. Eine genaue Wegbeschreibung ist schwierig, mit gutem Kartenmaterial lassen sich jedoch relativ einfach die tollsten Highlights abseits der ausgetretenen Pfade finden. Folgt man im Norden des Gottesackers dem Weg Oberndorfer Geräumt und biegt an der zweiten Möglichkeit nach rechts ab, erreicht man nach kurzer Zeit eine Wildschweinfutterstelle mit Beobachtungstribüne. Zwar hat man im gesamten Forst gute Chancen die Tiere zu sehen, aber natürlich sind sie hier noch einmal höher.

Anschließend geht es durch den Wald nach Osten, bis man auf den Radweg Nummer 4 alias Bergstraße trifft, der sanft geschwungen entlang der hügeligen Ausläufer Richtung Forsthaus St. Hubertus führt. Durch wunderschöne alte Laubholzbestände wandert man beispielsweise an einem Toteisloch vorbei, welches das Relikt eines abgeschmolzenen Gletschereisblocks aus der letzten Eiszeit ist. Wildromantisch geht es weiter bis zum Antoni Weiher, an dem man unbedingt einen Abstecher zum Steg machen sollte. Das durch die einzige Quelle im Forst gespeiste Gewässer liegt versteckt im Wald, umgeben von malerischem Schilf und schwimmenden Seerosen, und ist ein wahres Idyll.

Am Antoni Weiher

Wer auf der circa fünf Kilometer langen Strecke bis hier immer noch kein Glück mit Wildbegegnungen hatte und höchsten aufgewühlte Erde als Spuren von Wildschweinen gefunden hat, kann noch weiter nach Nordwesten zu den beiden 500 Hektar großen Wild-Ruhezonen im Herzen des Forstes wandern. Hier sind zwei Beobachtungsflächen mit mehreren Schaukanzeln errichtet, und besonders zur Abenddämmerung, in der Brunft im September und Oktober sowie zur Fütterung im Winter sind Rotwildbegegnungen sehr wahrscheinlich.

INFO

Lage: 25 Kilometer östlich von München

Anfahrt: Von München aus nimmt man die Autobahn A94 Richtung Passau. Bei Feldkirchen-Ost fährt man von der Autobahn herunter und biegt nach links ab, um über eine Brücke auf die andere Autobahnseite zu kommen. Am Ortsrand von Feldkirchen fährt man nach rechts auf die Hohenlindner Straße, die zur Weißenfelder Straße wird und unter der Autobahn auf die andere Seite führt. Durch Weißenfeld hindurch geht es in das Dorf Wolfesing, wo man erst nach rechts abbiegt und 800 Meter später nach links auf die Anzinger Straße. In Pöring folgt man der Beschilderung nach Kirchseeon und zweigt 400 Meter nach dem Hallenbad zum Parkplatz beim Waldfriedhof auf der linken Seite ab.

Öffnungszeiten: immer

Eintritt: nichts

Aktivitäten: Wandern, Tierbeobachtungen

Unterkünfte:

- Gut Sonnenhausen: Bio-Hotel im modern eingerichteten Bauernhaus eines großen Gutshofs mit eigener Landwirtschaft; Doppelzimmer ab 152 EUR und Suite ab 178 EUR; Sonnenhausen 2, 85625 Glonn, Tel.: 08093 57770, *sonnenhausen.de*
- Hotel Seeluna: auf einer Anhöhe im Norden von Ebersberg gelegen, mit Blick über den Klostersee, in dem man auch Schwimmen kann; Doppelzimmer ab 89 EUR; Am Priel 3, 85560 Ebersberg, Tel.: 08092 2558990, *hotel-seeluna.de*

Hinweise: Aufgrund der Größe verläuft man sich leicht im Ebersberger Forst und sollte deshalb unbedingt gutes Kartenmaterial mit sich führen. Verletzte Wildschweine und im Frühjahr Muttertiere können aggressiv sein, wenn sie sich bedroht fühlen. Vorsichtiger Rückzug ist dann angesagt. Hunde sollten immer an der Leine geführt werden. Ein Fernglas hilft bei der Beobachtung von Wild. Betreten-Verboten-Schildern ist Folge zu leisten und Wildtiere dürfen nicht gefüttert werden.

11. Maisinger Schlucht: Wasserwanderung abseits vom Starnberger Trubel

Während man sich im Zentrum Starnbergs meist kaum vor Touristen und Tagesbesuchern retten kann, findet sich am Ortsausgang der Beginn zu einer wunderbaren und meist recht einsamen Wanderung in die Maisinger Schlucht. Sie ist somit gerade an heißen Sommertagen ein idealer Rückzugsort, wenn es am See mal wieder zu voll, zu heiß und zu laut ist.

Maisinger Bach in der Schlucht

Vom Parkplatz beim Wasserwerk Starnberg aus folgt die Wanderung dem König-Ludwig-Weg nach Westen. Bald schon geht es in den Wald, entlang des sich unauffällig neben einem schlängelnden Maisinger Bachs. An einer großen Wiese machen einen Infoschilder darauf aufmerksam, dass man sich im Fassungsgebiet des Trinkwasser-Schutzgebiets für Starnberg befindet, welches täglich 25.000 Menschen versorgt.

Ein kleiner Schlenker nach links über die Brücke und dann gleich wieder rechts bringt einen über eine weitere Wiese zu den Schat-

Badestelle mit Sprungturm am Maisinger See

tenhangwäldern der Maisinger Schlucht. Man merkt, wie die Luft feuchter wird und Nadelbäume Laubbäumen wie Bergahorn, Eschen, Buchen, Bergulmen und sogar Schwarzerlen Platz machen. Moose, Farne und andere Hochstauden fühlen sich ebenso wohl und verwandeln diesen kleinen Flecken Erde zu einem wichtigen ökologischen Rückzugsgebiet.

Immer wieder ist es möglich vom breiten Weg aus zum Bach zu gelangen, der dank seiner geringen Tiefe ideal zum Spielen für Kinder ist. Dabei können sie verschiedene Fisch- und Fliegenlarvenarten entdecken, über Baumstämme balancieren oder einfach nur nach Herzenslust plantschen.

Wer genau hinschaut sieht entlang der Wände der Maisinger Schlucht immer wieder Felsen aus verfestigtem Schotter, welcher auch als Nagelfluh bezeichnet wird. Verwitterung und Erosion bildeten an manchen Stellen kleine Halbhöhlen, die großartig für Kinder zum Spielen sind.

Nach gut drei Kilometern Wanderung geht es aus dem Wald und der Schlucht heraus, und man erreicht Maising. Entlang der Hauptstraße geht es durch das Dorf, und gegenüber vom Gasthof Georg Ludwig biegt man auf den kleinen Weg links. Wenige Meter später trifft man wieder auf den König-Ludwig-Weg, dem man leicht abwärts an weiten Wiesen vorbei zum Maisinger Seehof folgt. Der Biergarten hier bietet eine gute Möglichkeit zur Rast mit Blick über den Maisinger See, und wer möchte kann bei schönem Wetter auch an der einzigen Badestelle des von dichtem Schilf umrandeten Sees ins Wasser gehen. Dieses Eiszeitrelikt ist maximal nur zwei Meter tief, seit 1939 als Naturschutzgebiet ausgewiesen und dient als wertvolles Rückzugsgebiet für Zugvögel und heimische Vogelarten wie zum Beispiel den Eisvogel.

Fallbach-Schlucht

Bevor man sich auf den Rückweg macht, lohnt sich ein kurzer Abstecher zur kleinen Schlucht des Fallbachs, weiter entlang des Weges nach Süden. Mächtige Buchen bilden hier einen märchenhaften Wald, durch den sich der kleine Wasserlauf sein tiefes Bett gegraben hat, bevor er sich bachabwärts mit dem Ablauf des Maisinger Sees zum Maisinger Bach vereinigt.

Statt den gleichen Weg zurückzugehen, bietet es sich an – aus dem Wald der Fallbach-Schlucht kommend – nach rechts zu gehen und entlang des Waldrands nach Osten zu wandern. Der Maisinger Bach mäandert hier durch ein sanftes Wiesental, bevor er kurz vor der Ortschaft Maising einen Weiher bildet. Um hierher zu gelangen schlägt man an der Kreuzung von fünf Wegen einen scharfen Haken nach links. Der Mühlleitenweg bringt einen anschließend wieder zur Ortsstraße in Maising, von wo aus man den schon bekannten Rückweg antreten kann.

INFO

Lage: zwei Kilometer südwestlich von Starnberg

Anfahrt: Im Südwesten von Starnberg, unweit des Bahnhofs, nimmt man die von der Hauptstraße abbiegende Söckinger Straße. Nach 500 Metern findet sich linker Hand die Maisinger-Schlucht-Straße, der man zum kostenlosen Parkplatz am Ende beim Wasserwerk Starnberg folgt.

Öffnungszeiten: immer

Eintritt: nichts

Aktivitäten: Wandern, Baden

Unterkünfte:

- Gasthaus Georg Ludwig: familiengeführtes Hotel mit angeschlossenem Restaurant im Hinterland des Starnberger Sees; Doppelzimmer ab 89 EUR und Ferienwohnung ab 95 EUR; Ortsstraße 16, 82343 Maising, Tel.: 08151 3445, *gasthaus-georg-ludwig.de*
- Boutique Hotel Reschen: moderne und individuelle Unterkunft unter familiärer Führung mit herausragendem Frühstück im abseits des Trubels gelegenen Ort Tutzing; Doppelzimmer ab 114 EUR; Marienstraße 7, 82327 Tutzing, Tel.: 08158 9390, *hotel-reschen.de*

Hinweise: Entlang der Maisinger Schlucht zieht sich ein militärisches Sperrgebiet, welches durch Schilder gekennzeichnet ist und nicht betreten werden darf.

12. Leutstettener Moos: Auf Erkundungstour im verlandeten Würmsee

Im Norden des Starnberger Sees hat sich im Laufe der letzten Jahrtausende eine abwechslungsreiche Landschaft mit Wäldern, Streuwiesen, Wasserläufen sowie Sumpf- und Moorflächen gebildet. Diese ist größtenteils aus der Verlandung des nördlichen Würmsees entstanden, wie der Lieblingssee der Münchner bis in die 1960er-Jahre hieß. Doch nicht nur einzigartige Pflanzen und Tiere fühlen sich hier wohl – auch schon die alten Römer zog es hierher.

Das Naturschutzgebiet Leutstettener Moos entstand zum Ende der Würmeiszeit vor 10.000 bis 15.000 Jahren. Mitten hindurch führt der dieser Eiszeit namensgebende Fluss, welcher der einzige Abfluss des Starnberger Sees ist und dessen erste fünf Kilometer man außerhalb der Vogelbrutzeit mit kleinen Booten und Stand-up Paddelboards befahren darf. Die meist geringe Strömung erlaubt es einem größtenteils mühelos in beide Richtungen zu gleiten. Dabei geht es durch eine einmalige und traumhaft stille Naturlandschaft, samt von Seerosen bedeckten Restseen. Um die Flora und Fauna so wenig wie möglich zu stören, sollte man sich deshalb besonders leise und behutsam verhalten.

Stand-up Paddeln auf der Würm

Wer das Moos lieber zu Fuß oder per Fahrrad erkundet, der findet einen ungefähr zehn Kilometer langen Rundweg mit zahlreichen Infostationen. Beginn ist beim Landratsamt in Starnberg, von wo aus ein beschilderter Lehrpfad gegen den Uhrzeigersinn führt. Nach einem Wechsel auf die Nordseite der Hauptstraße geht es nach rechts über die Würm, am Minigolfplatz vorbei und über die Heimatshausener Straße und den Birkenweg zum Rand der Bebauung. Entlang des Moores führt ein breit gekiester Pfad nach Nordosten in den Wald hinein, den im nasseren Bereich ein Bohlenweg ersetzt.

Bohlenweg im Osten des Mooses

Wer sich seine Umgebung genau anschaut, entdeckt jahrhundertealte Eichen und sogar stinkende Faulbäume, aus denen früher Schießpulver hergestellt wurde. Heilkräuter wie die Mädesüß-Pflanze (welche natürliches Aspirin enthält) haben hier ebenso ihre Nische gefunden wie die Traubenkirschen-Gespinnstmotte, die oft ganze Bäume einspinnt. Auch verschiedenste Schmetterlingsarten, Kreuzottern, Goldammern, Sibirische Wasserlibellen und Dalmatinische Springfrösche haben sich angesiedelt. Und im Frühjahr und Herbst wird die Gegend von Zugvögeln zur Rast genutzt.

Nach gut drei Kilometern Wanderung erreicht man ein besonderes Highlight: die Villa Rustica. Sie ist ein Gutshof aus römischer Zeit, der im zweiten Jahrhundert nach Christus erbaut wurde, aber erst 2001 wiederentdeckt wurde. Die Umrisse des Gebäudekomplexes wurden mithilfe von Gabionen visualisiert, während das Haupthaus überdacht und mit Glaswänden geschützt ist. Es gibt sogar einen Raum, der eine historische Fußbodenheizung enthält und den Bewohnern dieses landwirtschaftlichen Hofes durch die kalten Winter half. Doch die Römer waren beileibe nicht die Ersten, denen es hier gefiel. Unter den römischen Mauern wurden auch keltische Funde gemacht, was den Ort zu einem der ältesten Siedlungsgebiete der Region macht.

Zur Wander-Halbzeit geht es durch das Dorf Leutstetten hindurch, wo es sich anbietet in der Schlossgaststätte einzukehren, bevor man gut gestärkt die Würm im Westen des Dorfes ein weiteres Mal überquert und nach Süden marschiert. Nach gut einem Kilometer auf dem Gehweg entlang der Straße führt links ein landwirtschaftlicher Weg zurück an den Rand des Moorwalds. Folgt man diesem am Waldrand nach rechts und hält sich dann so weit es möglich ist immer links, kommt man am Tierheim vorbei und über den Franziskusweg in den Starnberger Stadtteil Petersbrunn.

Seerosen im Schilfgürtel

Hier bietet sich noch ein interessanter letzter Abstecher an: Biegt man links auf die Finkenstraße ein und schlägt an deren Ende kurz vor der großen Gautinger Straße einen scharfen Haken nach links, kommt man entlang des Truhenseegrabens ein letztes Mal tief in das Moos hinein zu einer idyllischen Schwimmplattform am einsamen Galgensee. Von hier sind es nur noch knapp eineinhalb Kilometer nach Süden bis zur großen Hauptstraße durch Starnberg, entlang derer man – wenn man sich links hält – wieder zurück zum Ausgangspunkt beim Landratsamt kommt.

INFO

Lage: direkt nördlich an Starnberg angrenzend

Anfahrt: Von München aus nimmt man die Autobahn A95 bis zum Autobahndreieck Starnberg, an dem man der Beschilderung nach Starnberg folgt. Nach 5,5 Kilometern überquert man die Würm und 400 Meter danach findet sich links das Landratsamt Starnberg.

Öffnungszeiten: immer (saisonales Paddelverbot s. unten)

- Villa Rustica: Ruinen eines römischen Gutshofs; Besichtigung von außen jederzeit; Führungen von Mai bis Oktober jeden ersten Sonntag im Monat von 15 bis 16 Uhr ohne Anmeldung

Eintritt: nichts

Aktivitäten: Wandern, Paddeln, Geschichtsstunde

- SUP Club Starnberger See: vermieten Stand-up Paddelboards auf dem Gelände des Strandbads; täglich im Mai, Juni und September außerhalb der Sommerferien von 12 bis 19 Uhr wochentags (an Feiertagen und bei gutem Wetter ab 10 Uhr) und von 9 bis 19 Uhr am Wochenende sowie im Juli, August und September während der Sommerferien von 10 bis 19:30 Uhr (ab 12 Uhr bei mäßigem Wetter) unter der Woche und von 9 bis 19:30 Uhr an Samstagen und Sonntagen; Einzel-SUP 15/25 EUR für eine/zwei Stunden; Strandbadstraße 17, 82319 Starnberg, Tel.: 0157 50280596, *sup-club.bayern*

Unterkünfte:

- Hotel Fischerhaus Starnberg: familiengeführtes Privathotel im historischen Zentrum von Starnberg und nur 150 Meter vom See entfernt; Doppelzimmer ab 129 EUR; Achheimstraße 1, 82319 Starnberg, Tel.: 08151 90550, *hotel-fischerhaus-starnberg.de*
- Hotel Alpenhof: kleines Hotel mit Garten und gemütlicher Kachelofenstube vor den Toren Münchens; Doppelzimmer ab 135 EUR; Unterbrunner Straße 9, 82131 Gauting, Tel.: 089 85642910, *alpenhof-gauting.de*

Hinweise: Zur Vogelbrutzeit von Anfang März bis Ende Juni muss man im Moos unbedingt auf den offiziellen Wegen bleiben. Zudem ist das Befahren der Würm zwischen Starnberg (Rambeck-Werft) und Leutstetten (Schloss) zu dieser Zeit nicht erlaubt, um die im Schilf und anderen ufernahen Strukturen brütenden Vögel bei der Aufzucht ihrer Jungen nicht zu stören.

PFAFFENWINKEL

Stand-up Paddler bei Sonnenuntergang am Staffelsee

Pfaffenwinkel

13. Lechpark Pössinger Au: Durch den Wildpark in Teufelsküche
14. Paterzeller Eibenwald: Refugium für Europas älteste Baumart
15. Schnalz-Panoramaweg: Runter ins Tal und rauf auf den Berg
16. Osterseen: Malerisches Überbleibsel aus der Eiszeit
17. Ammerschlucht: Der Grand Canyon Oberbayerns
18. Staffelsee: Paddeltour durchs Herz des Blauen Landes
19. Murnauer Moos: Sumpflandschaft der Superlative
20. Moorerlebnispfad Benediktbeuern: Eldorado für Kinder und Vogelfreunde

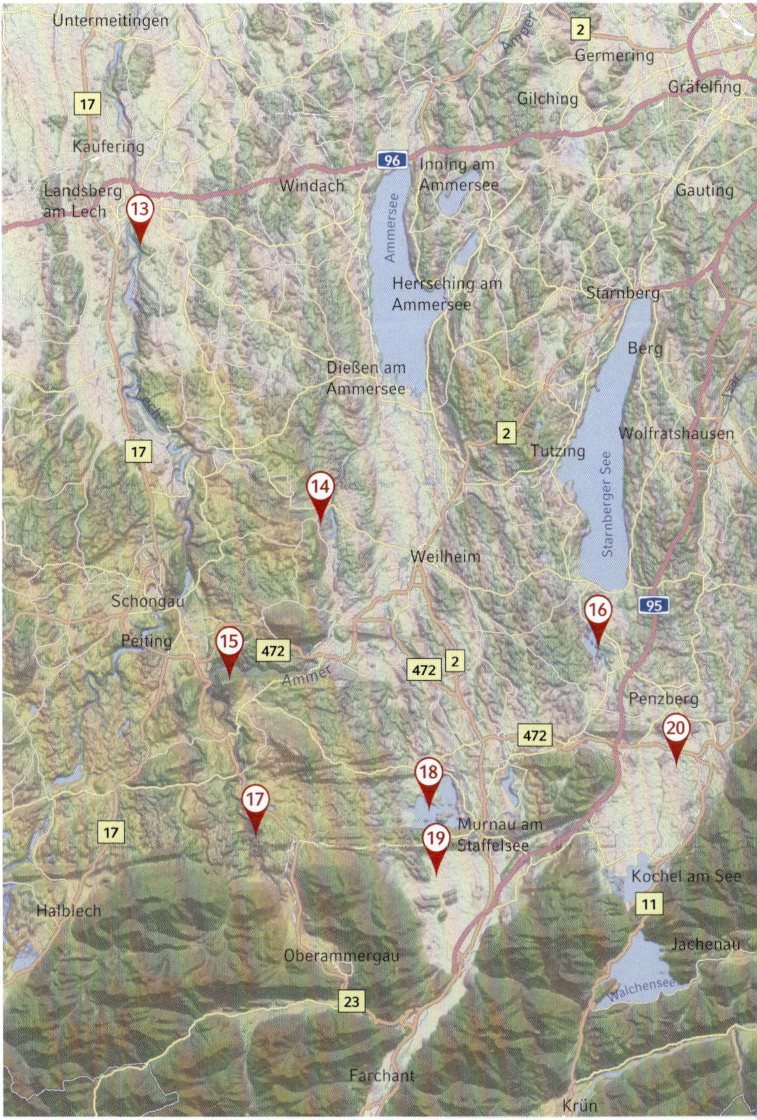
Untermeitingen
2
Germering
Gräfelfing
Gilching
17
Kaufering
96
Inning am
Ammersee
Windach
Gauting
Landsberg
am Lech
13
Ammersee
Herrsching am
Ammersee
Starnberg
Berg
Dießen am
Ammersee
2
Wolfratshausen
Tutzing
17
14
Starnberger See
Weilheim
Schongau
95
16
15
Peiting
472
Ammer
472
2
Penzberg
472
20
18
17
Murnau am
Staffelsee
19
17
Kochel am See
11
Halblech
Jachenau
Oberammergau
Walchensee
23
Farchant
Krün

13. Lechpark Pössinger Au: Durch den Wildpark in Teufelsküche

Unweit der historischen Altstadt von Landsberg am Lech findet sich das Herzstück des Lechtals, die Pössinger Au. Das Landschaftsschutzgebiet umfasst eine wundervolle Wald-, Wiesen- und Auenlandschaft und bietet selten gewordenen Pflanzen und Tieren ein Zuhause. Beliebt bei den Einheimischen, doch kaum bekannt bei Auswärtigen, ist es ein idealer Ausflug für die ganze Familie.

Viele kennen die Lechbrücke an der Autobahn A96 von München nach Stuttgart, doch nur wenige halten an, um die hübsche Landsberger Altstadt zu besuchen. Dabei sind die vielen alten und bunten Häuser entlang der verwinkelten Gassen mehr als sehenswert. Die Altstadt ist somit auch ein idealer Ausgangspunkt, um in wenigen Gehminuten in den Lechpark Pössinger Au zu gelangen.

Die bunte Altstadt von Landsberg am Lech

Dazu geht man vom Hauptplatz mit seinem historischen Rathaus nach Süden und biegt kurz vor der Brücke beim großen Lechwehr nach links ins Klösterl ab. Die Autostraße endet nach wenigen Metern und setzt sich für Fußgänger und Radfahrer im Wildparkweg fort.

Freilaufendes Damwild im Lechpark

Dieser führt anfangs entlang des Lechufers unter einem Steilhang aus Nagelfluh flussaufwärts, doch hat man schon bald die Qual der Wahl, welchen der vielen Pfade im dichten Wegenetz man wählt. Man kann zum Beispiel entlang des Lechufers weiter wandern und auf dem Weg zum Kraftwerk flussaufwärts viele Wasservögel entdecken. Möchte man jedoch in das Gehege mit dem freilaufenden und sehr zahmen Damwild gelangen, das man auch füttern darf, muss man über den Weiderost und danach links abbiegen. Hier folgt man dann entweder dem ersten Abbieger nach rechts – dem sogenannten Auwanderweg – oder man geht bis zum von natürlichen Quellen gespeisten, eisigen Kneippbad weiter, bei dem sich auch ein Barfußweg befindet. In unmittelbarer Umgebung finden sich außerdem sowohl ein besonders bei kleineren Kindern beliebter Wasserspielplatz als auch das Wildsaugehege und im Anschluss die Damwildwiesen mit der zentralen Wildfütterungsanlage. Zudem gibt es hier zahlreiche Bäume, die ideal zum Klettern für Kinder sind, und einen interessanten Naturlehrpfad, der einem Wissen zur Geologie der Landschaft, sowie den Pflanzen und Tieren um einen herum vermittelt.

Wildschwein im Lechpark

Egal, welchem der beschriebenen Wege man nach Süden folgt – sie treffen sich alle wieder am Lech-Stausee. Von hier aus sollte man

Der Anfang der Wanderung findet sich unweit des Aussichtsturms Jungfernsprung.

unbedingt noch am Ufer weiter und bis zum Restaurant Teufelsküche wandern, hinter dem die gleichnamige Schlucht beginnt. Um diese ranken sich einige Schauergeschichten, wie zum Beispiel die des Mannes ohne Kopf, der schon so manchem begegnet sein soll, der nächtens zwischen Landsberg und Pitzling unterwegs war.

Wer sich von diesen Gruselgeschichten nicht abschrecken lässt wird auf halber Höhe entlang der kleinen, aber tiefen Schlucht einen Stausee entdecken, der einstmals der Triebwasserversorgung der ehemaligen Pumpanlage diente. Er besticht durch sein unglaublich dunkeltürkises Wasser, das so klar ist, dass man wirklich jeden Fisch darin sehen kann.

Teufelsküche

Auf der nördlichen Seite des Teufelsküchen-Stausees findet sich der Hangwanderweg, der einen etwas erhöht zurück zum Wildgehege bringt und schließlich wieder auf das Kneippbad trifft, von wo aus es nicht mehr weit zum Ausgangspunkt ist.

INFO

Lage: direkt südlich von Landsberg am Lech

Anfahrt: Von München aus nimmt man die Autobahn A96 und verlässt sie bei der Ausfahrt Landsberg am Lech-Ost. An der Staatsstraße 2054 biegt man nach rechts ab, nimmt die zweite Ausfahrt am großen Kreisverkehr und fährt über die Münchner Straße am Ortseingang zu einem weiteren Kreisverkehr, bei dem man ebenfalls die zweite Ausfahrt wählt. Folgt man dem Straßenverlauf, gelangt man bei einer Tankstelle zu einem dritten Kreisverkehr, bei dem man wieder die zweite Ausfahrt nimmt und somit auf die Neue Bergstraße gelangt. Diese bringt einen durch den Schmalzturm hindurch direkt ins Zentrum von Landsberg zum Hauptplatz der Altstadt. Hält man sich links, fährt man auf der Hubert-von-Herkomer-Straße über die Katharinenbrücke über den Lech. Gleich nach dem Fluss kann man nach rechts auf die Von-Kühlmann-Straße abbiegen und findet dort einen großen Parkplatz.

Öffnungszeiten: immer

Eintritt: nichts

Aktivitäten: Wandern

Unterkünfte:

- Hotel Goggl: von modern bis traditionell eingerichtetes Hotel im Herzen von Landsberg; Doppelzimmer ab 95 EUR; Hubert-von-Herkomer-Straße 19, 86899 Landsberg am Lech, Tel.: 08191 3240, *goggl.ana-hotels.com*
- Zum Blätz Restauration: im ländlichen Stil eingerichtetes Hotel mit Panoramablick und großem Garten; Doppelzimmer ab 65 EUR; Am Bahnhof 1, 86925 Fuchstal, Tel.: 08243 2323, *zum-blaetz.de*

14. Paterzeller Eibenwald: Refugium für Europas älteste Baumart

In der Nähe des Klosters Wessobrunn findet sich ein 88 Hektar großes Naturschutzgebiet, in dem über 2000 alte Eiben in einem artenreichen Mischwald wachsen. Seit jeher umgibt diese bereits von Druiden genutzten Bäume eine gewisse Mystik. Doch auch wenn man dafür nicht empfänglich ist, lohnt sich diese entspannte, sechs Kilometer lange Wanderung entlang fotogener Baumgreise.

Dass es den Paterzeller Eibenwald in seiner jetzigen Form noch gibt, ist vor allem dem Weilheimer Arzt Dr. Kollmann zu verdanken, der hier anfangs des 20. Jahrhunderts ausgedehnte Spaziergänge unternahm und von diesen seltsamen und einzigartigen Bäumen beeindruckt war. Sein Bestreben ihn zu schützen fiel bei Marie Therese, der Gattin von Ludwig III, auf fruchtbaren Bode. Und so wurde der Hain 1913 zum Staatlichen Naturdenkmal erklärt, bevor er 1939 unter Naturschutz gestellt wurde und heute als Deutschlands größtes Refugium für diese Baumart zählt.

Im dichten Eibenwald

Die giftigen Nadelbäume sind in jungen Jahren nicht besonders imposant, aber je älter sie werden, desto beeindruckendere knorrige und gedrehte Formen nehmen sie an. Sie gedeihen am besten im Schatten anderer großer Bäume und können über 1000 Jahre alt werden. Ihr Name geht auf das Althochdeutsche Wort „iwa" zurück, was auch Bogen bedeutete. Dies erklärt sich dadurch, dass das gleichzeitig harte als auch elastische Holz unter der Schuppenborke besonders für den Bau von Bogen und Speeren verwendet wurde – und das schon seit Jahrtausenden. Das älteste gefundene Exemplar wird auf 150.000 Jahre datiert und wurde in England entdeckt. Und auch der Bogen der 5000 Jahre alten Gletschermumie Ötzi war aus Eibenholz.

Eiben waren im Mittelalter in Europa als Waffenholz so beliebt, dass England zeitweise nur noch ausländische Schiffe in seine Häfen ließ, die Eibenholz mit sich brachten. Als Leibspeise von Wild, einem Wachstum von nur mickrigen zwei bis drei Zentimetern im Jahr sowie der

Alte Eibe

frühesten Zapfenbildung nach 15 Jahren ist es kein Wunder, dass die Eibe um 1600 in Oberbayern weitgehend ausgerottet war und selbst heute noch auf der Roten Liste Deutschlands als gefährdet eingestuft wird. Umso beachtlicher ist das Kleinod des Paterzeller Eibenwalds.

Dieses erkundet man am besten auf dem ausgewiesenen Rundweg, der einen Kilometer lang durch den Wald führt und einen auf zehn Infotafeln mehr über diese seltene Baumart und ihren Lebensraum erfahren lässt. Der Beginn der Wanderung liegt beim Parkplatz am Landgasthof Zum Eibenwald, wo man am Gebäude vorbei einige Meter nach Norden wandert und bei der T-Kreuzung nach rechts abbiegt. Nach 300 Metern folgt man der Forststraße in den Wald, hält sich an der Gabelung nach links und erreicht kurz darauf nach der Überquerung eines kleinen Stegs hier bereits die erste Lehrtafel. Wer sich umsieht, wird in der wasserreichen Landschaft nach einer Weile zahlreiche knorrige Eiben entdecken, die auf dem feuchten Untergrund prächtig gedeihen.

Naturbelassener Wald

Hinter der vierten Lehrtafel folgt man der Beschilderung „Eibenpfad", ignoriert die darauffolgenden Wege nach rechts und links und wandert an einem kleinen Bachlauf entlang. Anschließend hält man sich links und erreicht eine Forststraße, der man einen weiteren Kilometer nach links folgt, um das erste Gewässer des Zellsees zu erreichen.

Vor diesem zweigt man nach rechts ab und folgt dem geraden Wegverlauf entlang der von Dämmen unterbrochenen Seenlandschaft, die ein wahres Eldorado für Vogelfreunde ist. Kurz nach einem kleinen Rechtsbogen ergibt sich über die Wiesen ein freier Blick nach Paterzell, wobei man sich noch etwas an den Fischteichen entlang orientiert, bevor man dem Feldweg Richtung Gut Moosmühle folgt und auf der kleinen Teerstraße nach rechts abbiegt. Hinter dem Anwesen geht es dann noch einmal rechts, und anschließend trifft man nach 600 Metern auf einen Feldweg, der einen links zurück zum Ausgangspunkt bringt.

INFO

Lage: fünf Kilometer westlich von Weilheim

Anfahrt: In Weilheim verlässt man die Stadt nach Westen auf die Staatsstraße 2057 Richtung Wessobrunn. Nach sieben Kilometern biegt man im Norden des Zellsees nach links ab und nach einem Kilometer ein weiteres Mal vor dem Forellenhof Schönwag. Durch den Eibenwald geht es nach Süden bis in die Dorfmitte von Paterzell, wo sich am Landgasthof „Zum Eibenwald" ein großer Parkplatz findet.

Öffnungszeiten: immer

Eintritt: nichts

Aktivitäten: Wandern

Unterkünfte:

- Gasthaus Sonne: modern eingerichtete Zimmer malerisch am Fuße des Hohen Peißenbergs gelegen; Doppelzimmer ab 110 EUR; Hauptstraße 92, 82380 Peißenberg, Tel.: 08803 489796, *sonne-peissenberg.com*
- Gasthof zur Post: gemütliches, familiengeführtes Hotel unweit des Klosters Wessobrunn; Doppelzimmer ab 80 EUR; Zöpfstraße 2, 82405 Wessobrunn, Tel.: 08809 208, *post-wessobrunn.de*

Hinweise: Eiben sind bei Verzehr stark giftig. Zur Vogelbeobachtung am Zellsee bringt man am besten ein Fernglas mit. Die Schutzzonen am See dürfen nicht betreten werden.

15. Schnalz-Panoramaweg: Runter ins Tal und rauf auf den Berg

Ein wildromantischer Fluss, zahlreiche Kiesbänke zum Rasten, ein interessanter Lehrpfad und immer wieder fantastische Ausblicke. Was sich wie ein Rezept für einen fabelhaften Tag in der Natur anhört, wird auf dem Schnalz-Panoramaweg Wirklichkeit. Und die ein oder andere Überraschung entlang des Weges gibt es obendrein noch.

Beginn dieser kurzweiligen Wanderung ist der Wanderparkplatz Schnalz im Süden von Peiting. Zwischen weiten Feldern und schattigen Wäldern führt er anfangs flach und später steil abfallend auf teils wurzeligen Pfaden hinunter ins Tal der Ammer. Dort bringt einen der Kalkofensteg (eine überdachte Holzbrücke) auf die andere Seite des rauschenden Flusses. Noch bevor man ihn überquert, lohnt sich jedoch ein Abstecher nach rechts, um an den Hängen der Schlucht filigrane Kalksinterterrassen zu entdecken. Über Jahrtausende hat die Natur hier den Boden mit einer wachsartigen, glitzernden Kalkschicht überzogen, die aus einer Reaktion von Quellwasser und Luft entstand und beachtenswerte, kleine Balkone mit Mini-Wasserfällen schuf.

Kalksinterterrassen

Am gegenüberliegenden Ufer geht es erst ein wenig flussaufwärts und anschließend vom Gewässer wegführend auf dem ausgeschilderten Wanderweg Richtung der grasigen Kuppe des Schnalz-Gipfels. Doch bevor man sich auf diesen Weg macht, bietet sich für Abenteuerlustige mit Trittsicherheit und Orientierungssinn ein Abstecher zu den sagenumwobenen Schnalzhöhlen an. Diese

„Steinernen Stuben" im Sandsteinfelsen dienten der einheimischen Bevölkerung in Kriegszeiten als Zufluchtsort und können über einen nicht ausgeschriebenen, schmalen und steilen Pfad entlang des Hangs linker Hand des Weges erreicht werden.

Wieder auf dem offiziellen Weg zurück schlängelt sich der Pfad weiter entlang der Flanke des Berges hinauf und wird nach einigen Hundert Metern durch unzählige Stufen ersetzt, die etwas Kondition erfordern. Vor lauter Anstrengung sollte man deshalb nicht die Abzweigung zum 901 Meter hohen Schnalz-Gipfel übersehen, die sich kurz vor dem Verlassen des Waldes links befindet. Belohnt wird man mit einem herrlichen Ausblick bis zu den Alpen, wobei eine hilfreiche Panoramakarte die Identifizierung der einzelnen Gipfel erleichtert.

Sobald man auf dem Hauptweg zurück ist und aus dem Wald heraustritt, geht es auf einer aussichtsreichen Strecke zum Weiler

Wundervolle Natur soweit das Auge blicken kann

An der grünblauen Ammer

Holzleithen. Den Ort verlässt man über den Feldweg nördlich des Dorfweihers und folgt an dessen Ende der Leitner Straße nach links. Bevor man Leithen erreicht, zweigt man in der starken Rechtskurve nach links noch einmal Richtung Norden ab. An den nächsten beiden Weggabelungen geht es dann erst links und anschließend rechts, bevor man wieder in den Wald eintaucht.

Eineinhalb Kilometer später trifft man wieder auf den bekannten Weg, der bergab zum Kalkofensteg führt. Nachdem man das Gros der insgesamt zehn Kilometer langen Wanderung hinter sich gebracht hat, bietet es sich an auf den Kiesbänken hier eine Pause zum Baden und Sonnen einzulegen.

Auf der anderen Seite der Brücke beginnt schließlich rechts der Ammerlauf-Lehrpfad, der anfangs noch direkt am Ufer entlang zum Schnalzwehr führt, bevor er anschließend in einer großen Linksschleife zum Ausgangspunkt zurückführt. Entlang dieses Kunst- und Naturlehrpfades finden sich acht Tafeln, die interessante Infos zur Geschichte, Natur, Geologie und zu Sagen rund um die Ammer geben.

INFO

Lage: 15 Kilometer südwestlich von Weilheim

Anfahrt: Von Weilheim aus folgt man der Staatsstraße 2058 nach Süden, wo sie bei Peißenberg zur Bundesstraße B472 wird. Diese fährt man weiter bis in den Süden von Peiting, wo man die Ausfahrt zur Ammergauer Straße nimmt und dieser 300 Meter nach rechts folgt. Anschließend biegt man auf die Straße Am Stein rechter Hand Richtung Gewerbegebiet ab. Nach 500 Metern verlässt man sie noch einmal nach rechts, um auf die Schnalzstraße zu gelangen, welche nach einem Kilometer zum Wanderparkplatz führt.

Öffnungszeiten: immer

Eintritt: nichts

Aktivitäten: Wandern, Baden

Unterkünfte:

- Ferienwohnung am See: idyllisch gelegene Unterkunft am Ufer des Lugenauer Sees, in dem man im Sommer auch Schwimmen kann; Ferienwohnung ab 72 EUR (mind. fünf Nächte); Lugenau 12, 82389 Böbing, Tel.: 08867 92056, *ferienwohnung-jungwirth.de*
- Bio Kurhotel moor & mehr: modern eingerichtetes, familiengeführtes Hotel mit Ausrichtung auf die Lehre von Hildegard von Bingen; Doppelzimmer ab 118 EUR, Suite ab 168 EUR und Ferienhaus ab 230 EUR; Spengelstraße 6, 82433 Bad Kohlgrub, Tel.: 08845 7020, *bio-kurhotel.de*

Hinweise: Nach lang anhaltenden Regenfällen sind die Wege an den Ammerleiten häufig schlammig und teilweise sehr rutschig. Die Kalksinterterrassen sind extrem fragil und dürfen nicht betreten werden. Zur Brutzeit vom 15. April bis 15. Juni ist von einem Besuch der Kiesbänke Abstand zu halten, um Vögel bei der Aufzucht ihrer Jungen nicht zu vertreiben. Das Betreten der Schnalzhöhlen ist verboten, da teilweise Einsturzgefahr besteht. Außerdem darf nicht campiert oder Feuer gemacht werden.

16. Osterseen: Malerisches Überbleibsel aus der Eiszeit

Die Osterseen bei Iffeldorf bilden die wohl vielfältigste Eiszerfallslandschaft des bayerischen Alpenvorlands. Vor Jahrtausenden durch den mächtigen Isar-Loisach-Gletscher und seine Schmelzwasserflüsse geformt, bietet sie heute bezaubernde Ausblicke, traumhafte Buchten zum Genießen und Baden sowie romantische Mischwälder und Moore zum Wandern.

Noch bevor das gesamte Alpenvorland nach der letzten Kaltzeit eisfrei war, war das Gebiet der Osterseen vom Entwässerungsnetz der Alpen abgeschnitten. Dadurch wurden nur noch geringe Mengen an Sedimenten eingetragen, was dazu führte, dass diese Seen im Gegensatz zu vielen anderen voralpinen Seen der Nacheiszeit kaum verlandeten und die ursprüngliche Eiszerfallslandschaft erhalten blieb.

Am Großen Ostersee

Eisblöcke, die der Gletscher auf seinem Rückzug hinterließ, schmolzen und bildeten sogenannte Toteislöcher, die mit Schmelz- und Regenwasser, überwiegend aber von kalkreichem Grundwasser aufgefüllt wurden. Dadurch entstanden Seen, die bis heute bestehen. Der bekannteste Quelltopf der Seenplatte wird Blaue Gumpe genannt und findet sich am Südende des größten Sees, mit dem passenden Namen Großer Ostersee.

Blaue Gumpe

Insgesamt gibt es 20 größere und fast noch einmal so viele kleinere Seen, die in einem Landschaftsschutzgebiet und teilweise sogar in einem Naturschutzgebiet liegen. Um die fragile Flora und Faune zu bewahren, sind nur eine Handvoll Badestellen offiziell ausgewiesen. Diese findet man am Süd- und Ostufer des Fohnsees sowie am südlichsten und nördlichsten Abschnitt des Ostufers am Großen Ostersee.

Doch selbst wenn die Temperaturen zu kühl für Wasserratten sind, lohnt sich ein Besuch. Ein gut zehn Kilometer langer Rundweg führt von Iffeldorf aus nach Norden und umrundet den Großen Ostersee einmal komplett. Eine kürzere Version führt um den Fohn- und den Sengsee herum, beziehungsweise lässt sich erweitern, indem man auch den Eishaussee, den Herrensee und den Fischkalter See mit einschließt. Je nachdem welche Variante man wählt, kann es etwas belebter sein (z. B. beim Gnadenhof Gut Aiderbichl im Nordosten), oder man ist fast allein unterwegs (z. B. am Fischkalter See im Südosten).

Blick auf Iffeldorf

Rund um die Seen passiert man unzählige lauschige Plätze, an denen man die unberührte Natur genießen kann. Die komplexe Landschaft aus nährstoffarmen Seen, Mooren und Wäldern ist Heimat zahlreicher Tier- und Pflanzenarten, die hier ihre ökologische Nische gefunden haben. Dabei variiert die Flora von See zu See je nach Biotopgegebenheiten, und man findet die verschiedensten Algen sowie blühende Wasser- und Sumpfpflanzen. Es gibt einen außerordentlichen Reichtum an teilweise extrem seltenen Wasserschlaucharten, das rare Sumpf-Herzblatt gedeiht prächtig, und auch die Trollblume hat hier ein Refugium gefunden. Amphibische Pflanzen wie der Blaue Wasser-Ehrenpreis und die Brunnenkresse lassen sich ebenso entdecken wie Rohrkolben, Orchideen und Teichrosen. Und mit etwas Glück findet man sogar fleischfressende Pflanzen wie Fettkraut und Sonnentau.

Viel Schilf, Bäume und Wasser bestimmen das Erscheinungsbild der Osterseen.

Solch eine immense Artenvielfalt an Pflanzen lockt natürlich auch die entsprechende Tierwelt an. In Deutschland stark gefährdete Arten wie der Skabiosen-Scheckenfalter und das Moor-Wiesenvögelchen sieht man tagsüber über die Wiesen flattern, und die hier ansässige Sibirische

Winterlibelle ist sogar auf der Roten Liste geführt. Gras-, Laub- und Wasserfrösche fühlen sich dank der Nähe von Überwinterungsplätzen, Laichgewässern und Sommerlebensräumen ebenso wohl wie Erdkröten, Gelbbauchunken und Bergmolche. Und selbstverständlich gibt es auch Kreuzottern, Blindschleichen, Ringelnattern und Eidechsen, die aus der Luft und zu Wasser genauestens von Spechten und Haubentauchern sowie seltenen Drosselrohrsängern beobachtet werden.

INFO

Lage: 15 Kilometer südöstlich von Weilheim

Anfahrt: Von der Autobahn A95 fährt man bei der Ausfahrt Penzberg/Iffeldorf ab und folgt der Beschilderung nach Iffeldorf. Nach 150 Metern im Ort biegt man auf die Hofmark nach links ab und nimmt am Kriegerdenkmal die leicht bergab führende Jägergasse nach rechts. Nach knappen 200 Metern geht es noch einmal leicht rechts auf den Angerweg, der unmittelbar später am gebührenpflichtigen Parkplatz endet.

Öffnungszeiten: immer

Eintritt: nichts

Aktivitäten: Wandern, Baden, Tierbeobachtungen

Unterkünfte:

- Hotel & Landgasthof Osterseen: familiengeführtes Hotel mit grandiosem Blick über einige der Osterseen; Doppelzimmer ab 112 EUR; Hofmark 9, 82393 Iffeldorf, Tel.: 08856 92860, *landgasthof-osterseen.de*
- Campingplatz Fohnsee: direkt am Fohnsee gelegener Campingplatz, der von Mitte April bis Mitte Oktober auch für Durchgangscamper geöffnet ist; 4/1 EUR pro Erwachsener/Kind (0-5 J.), Stellplatz für Fahrzeuge ab 12 EUR, Zeltplatz ab 5 EUR; Fohnseeweg, 82393 Iffeldorf, Tel.: 08856 7874, *campingplatz-fohnsee.de*

Hinweise: Es darf nur an den ausgewiesenen Plätzen am Großen Ostersee und Fohnsee gebadet werden. Die offiziellen Wege dürfen nicht verlassen werden.

17. AMMERSCHLUCHT: DER GRAND CANYON OBERBAYERNS

Wildes Wasser, geheimnisvolle Höhlen und eindrucksvolle Wasserfälle – was sich wie ein Wunschkonzert für einen abenteuerlichen Tag draußen anhört, wird in der Ammerschlucht Realität. Über Stufen, Stege, Brücken und Pfade geht es hier beiderseits des Flusses auf einem spannenden Rundweg durch eine abwechslungsreiche Landschaft.

An der Ammer

Zugegeben, mit einer maximalen Tiefe von 60 Metern kann die liebevoll als Grand Canyon Oberbayerns bezeichnete Ammerschlucht nicht wirklich mit ihrem Namensgeber in den USA mithalten. Trotzdem ist ihr Besuch definitiv einen Ausflug wert. Das Ammertal zählt nämlich zu den schönsten naturbelassenen Flusstälern nördlich der Kalkalpen und steht nicht umsonst seit 1953 unter Naturschutz.

Die Tour durch die Ammerschlucht beginnt mit einem kurzen Abstecher von der insgesamt zehn Kilometer langen Rundwanderung. Vom Parkplatz östlich der Brücke über die Ammer in Kammerl folgt man der Beschilderung zur wenige Hundert Meter entfernt liegenden Scheibum. Hier durchbrach der Fluss auf seinem Weg aus den Alpen nach Norden vor über 100.000 Jahren die Felsen und formt bis heute eine nur neun Meter breite Engstelle. Silbrige Felswände treffen auf türkisgrünes Wasser und machen diesen Ort zu einem Platz, an dem es sich lohnt innezuhalten und die Schönheit der Natur zu genießen. Nebenbei können geologisch Interessierte die gesamte Schichtenfolge der subalpinen Molasse identifizieren.

Zurück am Ausgangspunkt beginnt nach dieser beeindruckenden Vorschau die eigentliche Wanderung. Über die Ammerbrücke geht es auf der anderen Flussseite hinter dem Kraftwerk Kammerl über den Kanal in den Wald hinein und steil den Hang hinauf. Am Feldrand hält man sich nach rechts und folgt dem Weg wieder ins Gehölz hinein, wo er im steten bergauf und -ab über mehrere kleine Bäche hinweg bis zu einer Forststraße führt. Auf ihr geht es noch kurz in der gleichen Richtung weiter, bevor man sich nach rechts in den Talabstieg begibt.

Blick auf die wilde Ammer

Unten angekommen wendet man sich noch einmal nach rechts und erreicht am Ende der Sackgasse die sanft herniederprasselnden Schleierfälle. Dieses fragile und zauberhaft anmutende Naturdenkmal wird von einer Quelle gespeist, die sich über schroffe Kalktuffablagerungen in mehreren Stufen

Soyermühle mit Wasserfällen hinter dem Haus

vorhanggleich zum Fluss hinab ergießt. Dabei bilden die Kalkablagerungen in Kombination mit Moosen immer Laufe der Zeit versteinerte Stufen und Überhänge, die Hohlräume einschließen und so unterschiedlich große Höhlen wachsen lassen können. Einen solchen Entstehungsprozess kann man beispielhaft direkt unter dem Wasserfall sehen, wo eine Halbhöhle geformt wurde, die noch am Wachsen ist. Ein Exempel einer vollendeten Höhle findet sich ein paar Meter weiter flussabwärts links im Hang, wo eine circa 30 Meter lange, trockene Kleinhöhle entstanden ist.

Zurück an der Verzweigung hält man sich rechts und gelangt dadurch wieder kurz zum Fluss, bevor man die Schlucht linker Hand verlässt und nahe dem Wildgraben auf einem stufigen Pfad ansteigt. Der enge Waldweg geht an Rastplätzen vorbei zu einer Forststraße, der man rechts zur Soyermühle hinunter folgt. Direkt an der alten Mühle mit weiteren, vorhangartigen Wasserfällen hinterm Haus überquert man den Fußgängersteg über die Ammer und wählt an der nächsten Gabelung den Pfad nach rechts. Über einen Steilhang geht es zur Hangkante hinauf, wo man sich am Waldrand nach rechts hält und über Wiesen und Wälder auf dem beschilderten Ammerrundweg wandert. Durch eine wunderbare Landschaft mit tollen Aussichtspunkten geht es anschließend wieder hinein ins Gehölz. Bei der Abzweigung zum Böhmerweiher hält man sich geradeaus um auf eine Wiesenkuppe zu gelangen, hinter der ein Feldweg nach Süden zur Achelestraße führt. An dieser biegt man nach rechts ab und wandert am Wirtshaus Acheleschwaig ein letztes Mal hinunter ins Ammertal zum Ausgangspunkt.

INFO

Lage: 15 Kilometer westlich von Murnau

Anfahrt: Am Kreisverkehr südlich des Murnauer Bahnhofs folgt man der Kohlgruber Straße zwölf Kilometer nach Bad Kohlgrub. Folgt man der Hauptstraße durch den Ort hinaus, erreicht man nach zweieinhalb Kilometern Saulgrub, wo man an der Straßengabelung im Ort nach links auf die Ammergauer Straße abbiegt. Diese verlässt man nach 300 Metern rechter Hand auf die Achelestraße und folgt ihr bis zum kleinen Parkplatz vor der Ammerbrücke.

Öffnungszeiten: immer

Eintritt: nichts

Aktivitäten: Wandern

Unterkünfte:

- Ferienwohnung am See: idyllisch gelegene Unterkunft am Ufer des Lugenauer Sees, in dem man im Sommer auch Schwimmen kann; Ferienwohnung ab 72 EUR (mind. fünf Nächte); Lugenau 12, 82389 Böbing, Tel.: 08867 92056, *ferienwohnung-jungwirth.de*
- Bio Kurhotel moor & mehr: modern eingerichtetes, familiengeführtes Hotel mit Ausrichtung auf die Lehre von Hildegard von Bingen; Doppelzimmer ab 118 EUR, Suite ab 168 EUR und Ferienhaus ab 230 EUR; Spengelstraße 6, 82433 Bad Kohlgrub, Tel.: 08845 7020, *bio-kurhotel.de*

Hinweise: Trittsicherheit und Orientierungssinn sind Voraussetzung für diese Wanderung, da der Weg nicht mehr gepflegt wird. Bei sehr nassem Wetter ist die Schlucht aufgrund von Rutschgefahr nicht begehbar. Wegen der sensiblen Vegetation, den fragilen Kalkablagerungen und der Felssturzgefahr ist es verboten, das Geotop der Schleierfälle zu betreten.

18. STAFFELSEE: PADDELTOUR DURCHS HERZ DES BLAUEN LANDES

Im Herzen des Blauen Landes, welches schon die Künstlervereinigung „Der Blaue Reiter" inspirierte, findet sich einer der schönsten Seen Bayerns. Der Staffelsee lädt jedoch nicht nur vom Ufer aus zum Träumen ein, sondern lässt sich auch ausgezeichnet per Boot erkunden. Dank zahlreicher kleiner Inseln und relativ warmer Wassertemperaturen ist er somit das perfekte Ziel für heiße Sommertage.

Auf einer Fläche von knapp acht Quadratkilometern erstreckt sich der Staffelsee im Ammer-Loisach-Hügelland. Trotz seiner großzügigen Ausmaße ist der naturbelassene Moorsee nie mehr als 40 Meter tief, wodurch er im Sommer angenehme Badetemperaturen von bis zu 25 Grad Celsius erreicht. Einige seiner sieben baumbestandenen Inseln laden zur Erkundung ein, wobei jedoch nur die größte und einzig bewohnte Insel Wörth sowie die Campinginsel Buchau per Ausflugsschiff erreicht werden können. Alle anderen

Nicht umsonst wird die Gegend um den Staffelsee auch Blaues Land genannt.

erfordern ein eigenes Boot, das man entweder selbst mitbringen oder vor Ort ausleihen kann.

Mit seinem abwechslungsreichen Ufer ist das Kanufahren oder Kajaken auf dem Staffelsee eine wahre Freude. Es scheint, als entdecke man nach jedem Paddelschlag eine neue Bucht. Als Ausgangsbasis bieten sich entweder die Murnauer Bucht im Südosten des Sees an, oder Uffing im Norden. Erstere ist praktisch wenn man kein eigenes Boot hat, da es einen Verleih vor Ort gibt, doch ist es hier auch am belebtesten. Relaxter geht es in Uffing zu, was jedoch etwas weiter weg von den Inseln liegt.

Erkundet man den See vom Norden her, passiert man als erstes die Insel Mühlwörth. Deren Badehaus sieht zwar einladend aus, befindet sich aber leider in Privatbesitz und darf ebenso wie die Insel nicht betreten werden. Zwischen dem Gradeneiland und der Campinginsel Buchau geht es deshalb weiter nach Süden. Recht dicht drängen sich auf Letzterer die Dauercamper. Doch wer Hunger oder Durst hat, kann hier Rast machen und im Gasthaus einkehren.

An Seehausen vorbei paddelnd taucht plötzlich vor einem ein kleiner Felsen im Wasser mit ein paar Bäumen darauf auf. Dies ist die Jakobsinsel, die von einem von Papst Benedikt geweihtem Kreuz gekrönt wird. Im umgebenden Wasser lohnt es sich nach den Resten von alten Holzpfosten zu suchen, die von dem Steg geblieben sind, der einst die Halbinsel Burg über die Jakobsinsel mit der Insel Wörth verband. An ihnen wurde 2003 ein in Europa seltener Süßwasserschwamm entdeckt, der normalerweise nicht größer als 30 Zentimeter wird, hier jedoch mannsgroß wächst.

Obwohl die Insel Wörth regelmäßig mit einem Ausflugsboot angefahren wird und ein bewohntes Herrenhaus sowie eine Kapelle im Osten beheimatet, ist sie ein wahrer Ruhepol. Zahlreiche traumhafte Uferabschnitte laden ein anzulanden und die Seele baumeln zu lassen. Man muss nur darauf achten, dass man sich nicht mitten auf der Weide der Heckrinder niederlässt. Diese sind Teil eines Versuchs, die ausgestorbenen Auerochsen rückzuzüchten und haben ordentlich Temperament.

An den Inseln Kleine Birke und Große Birke vorbei geht es schließlich weiter. Letztere bietet zwar einen idyllischen kleinen Zeltplatz, doch ist dieser sowie allgemein das Betreten der Insel nur Mitgliedern des Deutschen Kanu-Verbandes vorbehalten. Nichtsdestotrotz lohnt sich ein Besuch des Südwestlichen Staffelsees, der meist menschenleer und verträumt daliegt, bevor es wieder zum Ausgangspunkt zurückgeht.

INFO

Lage: 15 Kilometer südlich von Weilheim

Anfahrt: Von Weilheim aus fährt man die Bundesstraße B2 nach Süden.
Will man nach Uffing, nimmt man nach zwölf Kilometern am Kreisverkehr die erste Ausfahrt nach rechts, um vier Kilometer später in den Ort zu kommen. Um zu dem großen, kostenlosen Wiesenparkplatz beim Seerestaurant „Alpenblick" zu kommen, folgt man der 90-Grad Kurve der Bahnhofstraße nach links, die hier zur Hauptstraße wird. An deren Ende nimmt man die

Murnauer Straße ein weiteres Mal nach links und biegt nach knappen 500 Metern auf die Kirchtalstraße ab, die einen direkt zum Parkplatz bringt.

Um statt nach Uffing zur Murnauer Bucht zu gelangen verlässt man den Kreisverkehr an der B2 nicht an der ersten, sondern der zweiten Ausfahrt und fährt knappe zwei Kilometer weiter nach Süden, bevor man nach rechts abzweigt. Über Waltersberg und Rieden geht es parallel zum See nach Seehausen. Im Ort biegt man direkt nach der Kirche nach rechts auf die Seestraße ab und folgt dieser 1,2 Kilometer bis zum Parkplatz Seestraße. Von dort aus sind es auf dem Seewaldweg nur noch 400 Meter zu Fuß zum Bootsverleih.

Öffnungszeiten: immer

Eintritt: nichts

Aktivitäten: Paddeln, Baden

- Bootsverleih Achele Murnau: kleiner Bootsverleih im Südosten des Sees an der Murnauer Bucht; Öffnungszeiten ab Fronleichnam bis zum Ende der Saison täglich bei guter Witterung von 8 bis 19 Uhr; Canadier oder Stand-up Paddleboard 0,5/1h für 7/10 EUR (keine Reservierung möglich); Seewaldweg, 82418 Murnau, Tel.: 08841 628833, *staffelsee.org*

Unterkünfte:

- Vita Stafnensis: familiengeführte, moderne Unterkunft in ruhiger Lage nur wenige Meter vom See; Ferienwohnung ab 100 EUR; Burgweg 18, 82418 Seehausen, Tel.: 08841 1480, *urlaub-am-staffelsee.business.site*
- Campingplatz Halbinsel Burg: unweit des Dorfes Seehausen gelegener Campingplatz, der auf drei Seiten von Wasser umgeben ist; Tagespauschale ab 6,50/3 EUR pro Erwachsener/Kind (7-14 J.), Stellplatz für Fahrzeuge ab 5,50 EUR, Zeltplatz ab 3,80 EUR; Burgweg 41, 82418 Seehausen, Tel.: 08841 9870, *camping-staffelsee.de*

Hinweis: Bei einsetzenden Warnblitzen der Sturmwarnanlage ist der See schnellstens zu verlassen.

19. MURNAUER MOOS: SUMPFLANDSCHAFT DER SUPERLATIVE

Größtes intaktes Moor in Mitteleuropa – mit diesem beeindruckenden Titel darf sich das Murnauer Moos südlich des Staffelsees schmücken. Es gibt also Platz genug für die zahlreichen seltenen Pflanzen und Tiere, die hier ein wertvolles Rückzugsgebiet gefunden haben. Und auf ausgewiesenen Wegen darf sogar der Mensch dieses Juwel im Alpenvorland mit seinem einmaligen Bergpanorama genießen.

Verschiedenste Moorformen, Streuwiesen, Quelltrichter und Reste eines nacheiszeitlichen Sees bilden im Murnauer Moos ein komplexes Ökosystem für eine Flora und Fauna, die es anderswo schon lange nicht mehr gibt. Eine Zeitlang stand das Überleben des Moors in den Sternen, da ihm Steinbrüche, Entwässerungsgräben und Torfabbau schwer zusetzten. Doch seit 1980 sind über 70 Prozent der 32 Quadratkilometer großen Fläche als Naturschutzgebiet ausgewiesen. Dank

Samenreife Wollgräser vor traumhafter Alpenkulisse

zahlreicher Schutzmaßnahmen ist hier ein wunderbares Refugium zum Beispiel für Wachtelkönig, Gelbbauchunke und Rothirsch, aber auch für die Sibirische Schwertlilie, den fleischfressenden Sonnentau und das Karlszepter entstanden. Und sogar Schwarzstorch und Kranich sind schon gesichtet worden.

Die Entstehung des Moores geht auf eine vom Isar-Loisach-Gletscher ausgeschürfte Mulde zurück, die beim Rückzug der Eisfläche vor 15.000 bis 10.000 Jahren von einem See gefüllt wurde, welcher sich über das Loisachtal bis nach Garmisch-Partenkirchen ausbreitete. Der permanente Erosionsfluss aus dem Gebirge beschleunigte die Verlandung der Wasserfläche, bis nur noch ein paar kleine Mooraugen übrig waren, die heute noch sichtbar sind.

Die beliebteste Wanderung im Moor ist der zwölf Kilometer lange Moosrundweg, den man beispielsweise am Wanderparkplatz bei der Biologischen Station im Norden des Naturschutzgebietes beginnen kann. Hier findet sich auch eine interessante Ausstellung zur Natur der Gegend und zur Entstehungsgeschichte des Mooses. Anfangs noch auf geteerten Wegen geht es Richtung Westen zum Ramsachkircherl und dem Info-Stadel.

Große Brachvögel kommen vereinzelt zum Brüten ins Moos

Gut versteckte Zwergschnepfe

Sibirische Schwertlilie

Eine Brücke bringt einen auf die andere Seite des kleinen Gewässers, dem man anschließend bachaufwärts durch das Flachmoor mit seinem zur Saison reichen Blumenschmuck folgt.

Nach vier Kilometern Wanderung erreicht man eine Kreuzung, an der man die Wahl hat: Entweder geht man über eine Brücke nach

Der Bohlenweg im Murnauer Moos

Norden zu einem schön angelegten Bohlenweg durch das Hochmoor des Langen Filzes, oder man folgt dem mäandernden Lindenbach. Letztere Option bringt einen eineinhalb Kilometer langen Abschnitt entlang der relativ ruhigen Aschauer Straße mit sich, bevor sich beide Wege bei Westried wiedertreffen. Anschließend biegt man auf die Graf-Alban-Straße ab und folgt an deren Ende der

Moosrainer Straße nach Osten in das gleichnamige Dorf. Innerorts nimmt man die zweite Abzweigung links bis zum Siedlungsrand und dann den Fußweg in den Wald hinein. Entlang der auf einem Höhenrücken liegenden Bahntrasse, die man zweimal quert, geht es nach Osten zum Panorama-Stadl mit atemberaubendem Blick auf das Naturschutzgebiet und die dahinter liegenden Berge. Durch Wald und Wiesen führt der Weg wieder zum Ramsachkircherl und dem Ausgangspunkt der Wanderung zurück.

Eine alternative Wanderung bietet sich im Südwesten des Mooses, wo sich eine kleine Besonderheit in der sonst topfebenen Landschaft findet: auffällig bewaldete Hügel, sogenannte Köchel, deren harter Fels den Eismassen widerstand. Außerdem finden sich hier entlang des fünf Kilometer langen Köchelwegs weitere Moore sowie ein ehemaliger Steinbruch.

Wer dann immer noch nicht genug hat, kann im Osten des Mooses den knapp zwei Kilometer langen Moosbergweg wandern, der zu einem renaturierten Steinbruchgelände führt, an dessen Stelle vor langer Zeit eine römische Höhensiedlung war.

Blick auf das Murnauer Moos vom Rundwanderweg aus

INFO

Lage: fünf Kilometer südwestlich von Murnau

Anfahrt: Von Murnau aus erreicht man den Moosrundweg am besten, indem man der Bundesstraße B2 nach Süden Richtung Eschenlohe folgt und gleich nach dem Ortsausgang die Ramsacher Straße nach rechts nimmt. Der kostenpflichtige Wanderparkplatz nahe der Biologischen Station findet sich links nach 700 Metern. Um zum Moosbergweg zu gelangen, folgt man der B2 weitere zwei Kilometer und stellt sein Auto rechter Hand auf dem kleinen Parkplatz zu Beginn des Weges ab. Für den Köchelweg fährt man noch einmal gut drei Kilometer weiter entlang der B2, biegt bei Weghaus nach rechts ab und fährt über die Autobahnbrücke, um 200 Meter später links zu einem kleinen Wanderparkplatz zu gelangen.

Öffnungszeiten: immer

Eintritt: nichts

Aktivitäten: Wandern, Tierbeobachtungen

Unterkünfte:

- Vita Stafnensis: familiengeführte, moderne Unterkunft in ruhiger Lage nur wenige Meter vom Staffelsee; Ferienwohnung ab 100 EUR; Burgweg 18, 82418 Seehausen, Tel: 08841 1480, *urlaub-am-staffelsee.business.site*
- Alpenhof Murnau: modernes Hotel mit Freiluftschwimmbecken idyllisch zwischen der Stadt Murnau und dem Moos gelegen; Doppelzimmer und Suiten ab 153 EUR; Ramsachstraße 8, 82418 Murnau, Tel.: 08841 4910, *alpenhof-murnau.de*

Hinweise: Zum Schutz der fragilen Tier- und Pflanzenwelt ist auf den ausgewiesenen Wegen zu bleiben und eventuellen Betretungsverboten Folge zu leisten. Hunde müssen permanent an der Leine geführt werden. Entlang des Köchelwegs ist ein Betreten der ehemaligen Steinbrüche wegen Steinschlag- und Einsturzgefahr verboten. Zur Vogelbeobachtung empfiehlt es sich ein Fernglas mitzubringen.

20. Moorerlebnispfad Benediktbeuern: Eldorado für Kinder und Vogelfreunde

Den Namen Benediktbeuern verbinden die meisten Besucher der Region mit einem der ältesten und bekanntesten Klöster Bayerns. Kaum jemand weiß jedoch, dass sich an die Klostermauern angrenzend ein einmaliges Hochmoor befindet, in dem Jung und Alt auf spielerische Weise diesen Naturraum entdecken und Hobbyornithologen seltene Vögel beobachten können.

Der Moorerlebnispfad verläuft durch einen Teil der Loisach-Kochelsee-Moore, die mit über 4000 Hektar Ausdehnung zu den größten zusammenhängenden Feuchtgebieten Deutschlands gehören. Sie haben eine bedeutende Funktion als Brutstätten stark bedrohter Bodenbrüter in Mitteleuropa, welche offene Areale benötigen, die kaum gemäht werden.

Moorwiesen und ihre Tümpel bieten einzigartige Lebensräume.

Am Ausgangspunkt beim kleinen Parkplatz hinter dem Kloster findet man eine Übersichtstafel mit verschiedenen ausgeschriebenen Wanderungen, von denen der Moorerlebnispfad die ersten zweieinhalb Kilometer des Moosrundwegs 1 bildet. Entlang des Weges wird man immer wieder durch hilfreiche Infotafeln auf die zahlreichen Gehölze aufmerksam gemacht, die man passiert.

Gleich nach wenigen Metern findet man zwei interessante Stationen: linker Hand die Erlebnisbiotope, die Libellen, Wasserschnecken und Seerosen beherbergen, und kurz später rechts den Barfußpfad, auf dem man nebenbei auch noch über die typischen Gesteinsformen der Gegend lernt. Zudem gibt es hier einen evolutionspädagogischen Trainingsparcours, einen Aussichtsturm und zahlreiche kleine Tümpel mit verschiedensten Froscharten.

Im Teich entlang des Barfußpfads

Weiter entlang des Hauptweges gelangt man zum Klangpfad, auf dem man den wunderbaren Klängen von Holz, Stein, Wasser, Vögeln und Blättern lauschen kann, die man teilweise selbst kreiert.

Auf ungefähr der Hälfte der Strecke erreicht man die Vogelstation bei der alten Moosmühle. Das aus dem 17. Jahrhundert stammende Gebäude war eine der vielen Mühlen im Klosterbesitz und diente dazu im Moor gesammelte Gewürz- und Heilkräuter zu mahlen oder Öl aus ihnen zu gewinnen, um sie anschließend als Arzneimittel zu verwenden. Heute erlauben einem Gucklöcher in der um das Areal gezogenen Holzwand einen Blick auf die Vogelfutterstationen dahinter. Diese werden im Winter regelmäßig befüllt und locken neben Goldammern, Gimpeln und Spechten sogar Eisvögel an.

Am Segelflugplatz folgt man dem Weg nach links und kommt bald zur Vogelstation Fuchsbichl, wo man über eine steile Treppe am

Stadl zu einer Aussichtsplattform mit Blick über die angrenzende Wiese mit ihren zahlreichen Tümpeln gelangt. Dank des fest installierten Fernglases hier kann man verschiedenste Reiherarten und kleinere Vögel wie Wachteln, Kiebitze und Braunkelchen entdecken.

An der Vogelstation

Den krönenden Abschluss gibt es fast am Ende des Weges. Auf umgefallenen Birkenstämmen geht es auf dem Waldmoorpfad über morastigen Untergrund durch einen richtigen Moor-Urwald, wie er einst so typisch war für diese Gegend. Die abenteuerliche Wanderung durch das Unterholz bringt einen schließlich auf den Moorpfad, entlang dessen man mit etwas Glück an einem kleinen Steg ein Floß vorfindet. Dieses bringt einen mittels Muskelkraft über den von grünen Wasserlinsen bedeckten Moorgraben. Für den Fall, dass es sich auf der anderen Seite befindet, geht man die Runde rechts vom Steg gegen den Uhrzeigersinn weiter und tobt sich am Schwingseil, der Wippe und der Seilbahn aus, bevor man auf dem Rückweg dann an Bord der „Santa Maria II" geht.

Auf der Santa Maria II übers Wasser

Nur noch wenige Meter sind es nun auf dem Hauptweg bis zur Wegkreuzung mit dem großem Christuskreuz. Hält man sich nach rechts, taucht schon bald der Loisach-Stadl auf, von dem aus man eine weitere, bei Wiesenbrütern beliebte Grasfläche überblicken kann. Noch etwas weiter des Weges gelangt man anschließend zu einem kleinen Steg, auf dem man vor dem Rückweg eine Rast an der vorbei fließenden Loisach einlegen kann.

INFO

Lage: 15 Kilometer südwestlich von Bad Tölz

Anfahrt: Von Bad Tölz aus nimmt man die Bundesstraße B472 nach Westen und biegt nach 13 Kilometern auf die auf B11 Richtung Benediktbeuern ab. Nach 700 Metern nimmt man die Klosterstraße nach rechts und folgt dieser entlang der Bahngleise nach Süden, bis sie am Ortseingang zur Meichelbeckstraße wird. Nach 300 Metern innerorts geht es nach rechts auf die Don-Bosco-Straße, vorbei am ausgewiesenen, großen Parkplatz des Klosters, und bis zum Ende der sich windenden Straße zum kleinen Parkplatz am Westende der Klosteranlage.

Öffnungszeiten: immer

Eintritt: nichts

Aktivitäten: Wandern, Tierbeobachtungen

Unterkünfte:

- Kloster Benediktbeuern: einfache Unterkunft im Gästehaus der Salesianer Don Boscos in besonderer Atmosphäre; Doppelzimmer ab 86 EUR; Don-Bosco-Straße 1, 83671 Benediktbeuern, Tel.: 08857 88195, *kloster-benediktbeuern.de*
- Landhaus Benediktenhof: familiengeführtes Bio Hotel mit Naturschwimmteich im traumhaften Isarwinkel; Ferienwohnung ab 99 EUR, Doppelzimmer ab 100 EUR, Suite ab 114 EUR und Chalet ab 188 EUR; Alpenbadstraße 17, 83646 Wackersberg/Arzbach, Tel.: 08042 91470, *benediktenhof.de*

Hinweise: Es empfiehlt sich unbedingt ein Fernglas mitzubringen, um die zahlreichen Vögel aus der Entfernung beobachten zu können. Regelmäßig erlassenen Betretungsverboten ist zum Schutz der fragilen Tierwelt unbedingt Folge zu leisten. Hunde müssen permanent an der Leine geführt werden.

Zugspitzregion

Uferzone am Barmsee

Zugspitzregion

21. Hasentalkopf: Lohnenswerte Kraxelei
22. Friederberg: Bike und Hike zum doppelten Gipfelsturm
23. Höllentalklamm: Teuflisch gutes Schluchtenabenteuer
24. Schachenschloss: Ein wahr gewordener, königlicher Traum
25. Barmsee: Bayerische Bilderbuchlandschaft
26. Eschenlainetal: Schluchtentour mit Erfrischungsfaktor

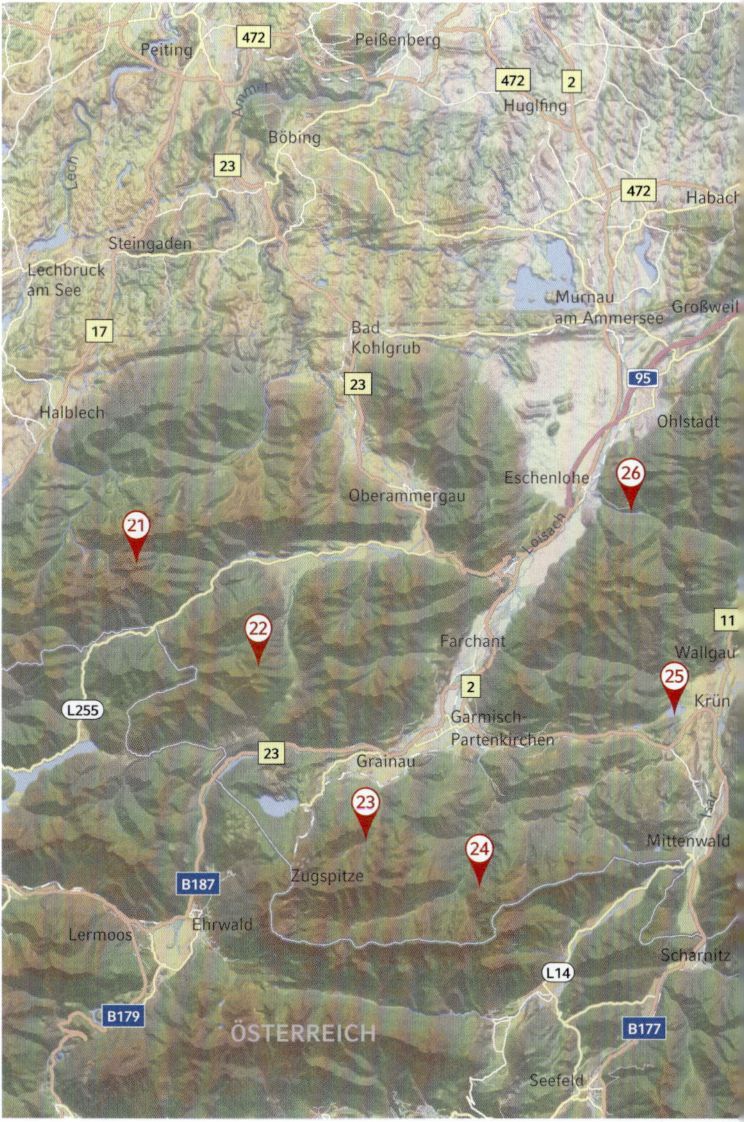
Peiting
472
Peißenberg
472
2
Huglfing
Ammer
Böbing
23
Lech
472
Habach
Steingaden
Lechbruck am See
Murnau am Ammersee
Großweil
17
Bad Kohlgrub
23
95
Halblech
Ohlstadt
Eschenlohe
26
Oberammergau
21
Loisach
22
11
Farchant
Wallgau
25
2
Krün
L255
Garmisch-Partenkirchen
23
Grainau
23
Isar
24
Mittenwald
B187
Zugspitze
Lermoos
Ehrwald
Scharnitz
L14
B179
ÖSTERREICH
B177
Seefeld

21. HASENTALKOPF: LOHNENSWERTE KRAXELEI

Dank der Prominenz benachbarter Gipfel ist der Hasentalkopf an der Grenze zwischen Oberbayern und dem Allgäu einer der stilleren Berge in den Ammergauer Alpen. Was jedoch nicht heißt, dass er sich vor den anderen zu verstecken braucht – im Gegenteil. Abwechslungsreich führt die Tour sich sanft steigernd in luftige Höhe und verspricht einmalige Ausblicke.

Los geht die insgesamt gut sechsstündige Wanderung auf den Hasentalkopf und zurück beim Parkplatz Sägertal. Über den Fluss Linder folgt man dem ausgewiesenen Weg zur Hochplatte, der ins Tal hinein führt. Der Sägertalbach ist für die nächsten drei relativ flachen Kilometer ein steter Begleiter linker Hand. Anfangs recht weit, verengt sich das Tal zusehends, und nach einer Dreiviertelstunde führt eine Brücke aus Baumstämmen auf die andere Seite. Wer den bis hierher eher monotonen Teil auf dem breiten Forstweg geschafft hat, wird ab jetzt für seine Geduld belohnt.

Der Weg führt in den Wald und wird nach einer Lichtung sowie einer weiteren Überquerung des Sägertalbachs langsam steiler und schmaler. An einer unbeschilderten Verzweigung hält man sich rechts und wählt später, wo sich der Wald lichtet, die angeschrie-

Idylle beim Aufstieg kurz vor dem Bäckenalmsattel

Blick beim Abstieg durch das Lösertal

bene Route geradeaus Richtung Bäckenalmsattel. Nach kurzer Zeit überquert man einen kleinen Bachlauf, hinter dem der Pfad anschließend einen Linksbogen vollzieht und zu einem bewaldeten Hang leitet. Stetig aufwärts führend bringen einen zwei Kehren letztendlich wieder aus dem dichten Wald hinaus, bis man über weite Wiesen nach zweieinhalb Stunden Gehzeit zum Bäckenalmsattel gelangt.

Den Abzweiger zur Klammspitze ignorierend biegt man erst am darauffolgenden Wegweiser nach links Richtung Lösertaljoch ab. Zahlreiche Serpentinen bringen einen zügig bergauf, und schon nach wenigen Minuten erblickt man im Westen die felsigen Zinnen des Geiselsteins und den aufgestauten Bockstallsee. Höher und höher führt der Steig bis zu einem grasigen Rücken, von dem aus man nun zum ersten Mal den markanten Hasentalkopf erkennt. Zwischen ihm und dem massiveren Vorderscheinberg rechter Hand öffnet sich ein malerischer Kessel, an dessen tiefstem Punkt ein kleiner Bergsee funkelt.

Vor lauter Begeisterung über die Aussicht darf man nun nicht den richtigen Weg aus den Augen verlieren. Statt den Trittspuren nach rechts den Bergrücken hinauf zu folgen, gilt es auf dem gut erkennbaren Pfad geradeaus zu bleiben, der kurze Zeit später in einem Rechtsbogen in den Kessel hinein führt. Noch bevor jedoch der kleine See erreicht wird schwenkt der Weg nach links und führt an den Fuß des Hasentalkopfs. In einem großen Rechtsbogen geht es unterhalb des Felszinkens vorbei durch ein Latschenfeld und zum Schluss steil zum Scheinbergjöchl hinauf. Dort angekommen wendet man sich nach links und geht entlang des langsam an Höhe gewinnenden Grates, der teilweise etwas Klettergeschick verlangt, nach Osten. Vor dem deutlichen Grataufschwung quert man linker Hand in die schroffe Flanke hinein, bevor man danach zum Kamm zurückkehrt und bei einem anschließenden Einschnitt in eine Senke hinab kraxelt. Über steiles Grasgelände geht es nun wieder bergauf, noch einmal durch eine weitere Senke hindurch und danach in leichter gehbarem Gelände zum kleinen Gipfelkreuz des Hasentalkopfs hinab.

Nach einer wohlverdienten Gipfelrast mit selbst mitgebrachter Brotzeit geht es gut gestärkt zum Scheinbergjöchl zurück. Der Abwechslung halber empfiehlt es sich hier nun jedoch nach links abzusteigen, um an bizarren Felsformationen vorbei durchs Lösertal zurückzuwandern. Dazu folgt man mehreren Kehren zum Lösertaljoch und biegt dort noch einmal nach links ab. Entlang der roten Markierung geht es bergab, durch Latschen und über eine große

Grat zum Hasentalkopf

Wiese hinweg in den dichten Bergwald hinein. Links oberhalb vom Graben mit seinem rauschenden Bach bleibend führt der flache Weg in einem weiten Linksbogen zum Hasentalgraben. Diesen quert man und trifft kurz später wieder auf den Aufstiegsweg, der einen zurück zum Ausgangspunkt bringt.

INFO

Lage: 20 Kilometer nordwestlich von Garmisch-Partenkirchen

Anfahrt: Von Garmisch-Partenkirchen kommend fährt man die Bundesstraße B2 nach Norden und biegt bei Oberau links nach Ettal ab. Die kurvige Bergstraße bringt einen am weltbekannten Kloster vorbei, bevor man einen Kilometer später die linke Abzweigung nach Reutte nimmt. Der Staatsstraße 2060 folgend geht es nach Westen, wobei sich der Parkplatz Sägertal drei Kilometer nach der Abzweigung zum Schloss Linderhof rechts der Straße befindet.

Öffnungszeiten: immer

Eintritt: nichts

Aktivitäten: Bergsteigen

Unterkünfte:

- Bio Kurhotel moor & mehr: modern eingerichtetes, familiengeführtes Hotel mit Ausrichtung auf die Lehre von Hildegard von Bingen; Doppelzimmer ab 118 EUR, Suite ab 168 EUR und Ferienhaus ab 230 EUR; Spengelstraße 6, 82433 Bad Kohlgrub, Tel.: 08845 7020, *bio-kurhotel.de*
- Gästehaus Richter: urig-moderne Unterkunft mit Freiluftschwimmbecken und wunderbarem Alpenpanorama der zum Greifen nahen Berge; Doppelzimmer ab 88 EUR und Suite ab 90 EUR; Zugspitzstraße 74, 82491 Grainau, Tel.: 08821 8709, *gaestehausrichter.de*

Hinweise: Diese teilweise anspruchsvolle Bergtour mit kleineren Kraxeleien erfordert Trittsicherheit und Schwindelfreiheit und sollte nur von erfahrenen Bergsteigern unternommen werden. Bei Nässe ist besonders auf dem steilen Wiesengelände Vorsicht geboten.

22. FRIEDERBERG: BIKE UND HIKE ZUM DOPPELTEN GIPFELSTURM

Den ersten Teil der Tour auf dem Mountainbike, den Zweiten zu Fuß bestreiten, und zum Schluss entspannt ins Tal rollen. Kein Wunder, dass diese sportliche Kombi immer mehr Anhänger findet - erlaubt sie einem doch Orte zu erreichen, die für eine normale Wanderung oftmals zu weit wären. Ein ideales Ziel, diese Tourenart einmal auszuprobieren, findet sich am doppelgipfeligen Bergmassiv des Friederbergs.

Der Beginn des circa sechs Stunden dauernden Ausflugs auf die Friederspitz und den benachbarten Frieder tief im südlichen Ammergebirge findet sich unweit des Schlosses Linderhof, wo der Elmaubach in die Linder einmündet. Vom dortigen Parkplatz Fürstenweg geht es auf der gleichnamigen Forststraße nach Süden. Für Bike-und-Hike-Einsteiger ist die Strecke ideal, da sich die Steigungen in Grenzen halten. Gerade einmal 300 Höhenmeter muss man auf der acht Kilometer langen Rad-Etappe bezwingen.

Abstieg mit Aussicht

Ziemlich genau einen Kilometer nach dem Start fährt man über das Elmaugrieß nach links auf die andere Flussseite und trifft dort auf das Elmaustraß'l. Diesem folgt man nun die restliche Distanz weiter flussaufwärts, immer mehr oder weniger entlang des Bachs. Wieder und wieder überquert man ihn. Anfangs noch im breiten Kiesbett, wird er immer schmaler und unauffälliger, je mehr man sich seinem Ursprung nähert. Der Forstweg jedoch bleibt angenehm gleich breit und führt durch eine reizvolle

Landschaft entlang des Elmaustraß'ls

Landschaft. Regelmäßig lädt die Szenerie zu kurzen Pausen und schönen Ausblicken auf die Umgebung ein. Wild ist es hier, und genau das macht den besonderen Charme des Elmautals aus.

Nach ungefähr 45 bis 60 Minuten, wenn die Wadeln zu zwicken anfangen, erreicht man den Abzweig auf den Frieder beim weiten Sattel in der Nähe der Rotmoosalm. Theoretisch ist er beschildert, doch der Wegweiser ist für Wanderer ausgerichtet, die aus dem jenseitigen Loisachtal kommen. Hat man ihn entdeckt, steigt man vom Rad ab und schnürt seine Wanderschuhe. Die Umstellung von der Geschwindigkeit mag einem zuerst etwas entmutigend vorkommen, doch schon bald gewöhnt man sich an das langsamere Vorwärtskommen und kann es richtig genießen.

In unzähligen Kehren führt ein steiler Steig über Stock und Stein nach oben. Anfangs geht es noch durch den Wald, doch schon bald lichten sich die Bäume, es wird sonniger, und immer wieder ergeben sich traumhafte Ausblicke. Hundert Meter, nachdem man die Friederalm passiert hat, findet sich eine erfrischende Quelle. Anschließend durchwandert man den von Gras bewachsenen Südhang und steht kurz später auf dem Gipfel der 2049 Meter hohen

Gipfelkreuz der Friederspitz

Friederspitz. Rundum präsentieren sich die einmaligen Gipfel des Karwendels und des Wettersteingebirges, die Zugspitze, die Kreuzspitze und die restlichen Ammergauer Alpen. Und natürlich der Frieder, der 550 Meter weiter nördlich liegt und selbstverständlich auch noch erklommen werden will – wenn man schon einmal hier ist.

Hierzu steigt man auf einem leichten Pfad circa 80 Höhenmeter hinab in den tieferliegenden, grasigen Sattel. Anschließend muss man die verlorenen Höhenmeter und etwas mehr wieder wettmachen und kann dann vier Meter

Blick vom der Friederspitz auf den Frieder

höher als zuvor auf dem Nachbargipfel das Panorama noch ein zweites Mal richtig genießen.

Der Rückweg ist identisch mit dem Hinweg, nur sollte man vor lauter Gipfeleuphorie nicht vergessen sein Rad wieder mitzunehmen. Zu schade wäre es, die sanft zum Ausgangspunkt zurückführende Strecke nicht gemütlich rollend zurücklegen zu können.

INFO

Lage: zehn Kilometer nordwestlich von Garmisch-Partenkirchen

Anfahrt: Von Garmisch-Partenkirchen kommend fährt man die Bundesstraße B2 nach Norden und biegt bei Oberau links nach Ettal ab. Die kurvige Bergstraße bringt einen am weltbekannten Kloster vorbei, bevor man einen Kilometer später die linke Abzweigung nach Reutte nimmt. Der Staatsstraße 2060 folgend geht es nach Westen, wobei sich der Parkplatz Fürstenweg zweieinhalb Kilometer nach Graswang bzw. 750 Meter nach der Brücke über die Linder rechts der Straße befindet.

Öffnungszeiten: immer

Eintritt: nichts

Aktivitäten: Mountainbiken, Bergsteigen

Unterkünfte:

- Bio Kurhotel moor & mehr: modern eingerichtetes, familiengeführtes Hotel mit Ausrichtung auf die Lehre von Hildegard von Bingen; Doppelzimmer ab 118 EUR, Suite ab 168 EUR und Ferienhaus ab 230 EUR; Spengelstraße 6, 82433 Bad Kohlgrub, Tel.: 08845 7020, *bio-kurhotel.de*
- Gästehaus Richter: urig-moderne Unterkunft mit Freiluftschwimmbecken und wunderbarem Alpenpanorama der zum Greifen nahen Berge; Doppelzimmer ab 88 EUR und Suite ab 90 EUR; Zugspitzstraße 74, 82491 Grainau, Tel.: 08821 8709, *gaestehausrichter.de*

Hinweis: Es versteht sich von selbst, dass man beim Mountainbiken auf Fußgänger achtet und eine angemessene Geschwindigkeit beim Überholen einhält.

23. HÖLLENTALKLAMM: TEUFLISCH GUTES SCHLUCHTENABENTEUER

Während die Partnachklamm jedem Oberbayernurlauber aus nah und fern ein Begriff ist, kennen ihre nahe gelegene kleine Schwester nur wenige. Dabei braucht sich die Höllentalklamm absolut nicht zu verstecken – im Gegenteil: sie ist länger, wilder und tiefer. Ein eindrucksvoller Ort also, um an heißen Sommertagen der Hitze zu entfliehen.

Die Kapelle in Hammersbach ist der Ausgangspunkt dieser interessanten Wanderung. Von ihr aus folgt man dem gleichnamigen Gewässer bergauf, wechselt über eine Brücke auf die andere Seite des Wildbachs und erblickt nach einer Weile die Materialseilbahn für die Höllentalangerhütte, welche sich hinter dem Klammende befindet. In engen Serpentinen windet sich der Weg bis zur Höllental-Eingangshütte, wo sich nach gut einer Stunde Gehzeit die erste Rast anbietet. Wer möchte, kann nach Entrichtung des Eintrittgeldes für die Klamm hier auch in das kleine Museum gehen, welches interessant die Geschichte des Bergbaus im Wettersteingebirge und die Erschließung des Höllentals aufbereitet.

Zahlreiche Stufen und Brücken ermöglichen die Begehung der Klamm.

Durchschreitet man das Drehkreuz, befindet man sich plötzlich in der imposanten Höllentalklamm. Links und rechts rücken die Felswände eng zusammen, erstrecken sich bis zu 150 Meter über dem tosenden Wasser und lassen nur noch wenig Licht in die kalte Schlucht. Auf gut gesicherten Wegen geht es über Stege und Brücken sowie teilweise in Tunneln an zahlreichen Wasserfällen, Strudeln und großen Felsbrocken vorbei. Die Luft ist frisch und feucht

Wanderweg und Wasserlauf teilen sich die enge Klamm.

bei jedem Atemzug. Der Hammersbach tobt und stäubt, stürzt milchig schäumend in zahllose Gumpen und lässt keine Zweifel mehr zu, woher der Name Höllentalklamm stammt.

Einen Kilometer lang zieht sich dieses imposante Naturschauspiel dahin, und man kann sich nur ausmalen, wie viel Arbeit es braucht den Weg jeden Frühsommer aufs Neue von den Spuren des Winters und seiner Lawinen zu befreien, die bis zu 70 Meter hohe Schneehaufen in der Klamm abladen.

Auf etwa halber Strecke durch die Schlucht taucht hoch oben die Eiserne Brücke aus dem Jahr 1888 auf, die beide Schluchtenseiten miteinander verbindet. Wer möchte, kann sie auf dem Rückweg als Alternative zur Klamm gehen, sollte jedoch unbedingt schwindelfrei und trittsicher sein, da sie die Schlucht in 73 Metern Höhe quert.

Selbst im Hochsommer finden sich oft noch Schneereste.

Willkommene Sonnenstrahlen am oberen Klammende

So atemberaubend und beeindruckend die Wanderung durch die Klamm auch ist, so sehr freut man sich doch, wenn sich auf der anderen Seite die Felswände wieder weiten und Sonnenstrahlen die Haut erwärmen. Ungefähr eine halbe Stunde wandert man nun noch vorbei an ganzjährigen Restschneefeldern, bis das Gelände wieder weitläufiger wird und sich ein breites Tal öffnet. In einer spärlich bewachsenen, mit Gesteinsschotter bedeckten Talsohle liegt hier der Endpunkt der Wanderung: die moderne Höllentalangerhütte mit ihrem herrlichen Bergpanorama im Hintergrund. Dieses besteht aus dem Höllentalferner und der darüber aufragenden Zugspitze am Ende des Tals, den Höllentalspitzen zur Linken und den Riffelspitzen sowie dem Waxenstein zur Rechten.

Nach einer wohlverdienten Rast geht es entweder auf demselben Weg zurück ins Tal, oder man wählt als erfahrener Bergsteiger den Oberen Weg. Dazu biegt man kurz vor der Klamm nach rechts auf einen Pfad ab, der über den hier erstaunlich harmlosen Hammersbach führt. Ein kurzer, steiler Steig lässt einen schnell an Höhe gewinnen und führt aussichtsreich über die Eiserne Brücke und den schmalen, teilweise mit Stahlseilen gesicherten Stangensteig zur Höllental-Eingangshütte, von wo aus es auf dem bekannten Weg zurück ins Tal geht.

Wasserfall unweit der Höllentalangerhütte

INFO

Lage: fünf Kilometer südwestlich von Garmisch-Partenkirchen

Anfahrt: Von Garmisch aus folgt man der Bundesstraße B23 nach Westen Richtung Grainau. Schon nach kurzer Zeit biegt man den Schildern nach Obergrainau und Hammersbach folgend nach links auf die Schmölzstraße ab. Diese wird nach dem Bahngleis zur Zugspitzstraße, welcher man knapp einen Kilometer folgt und bei der Kirche in Grainau auf die nach links abbiegende Höllentalstraße verlässt. Nach dem Bahngleis findet sich rechter Hand der kostenpflichtige Wanderparkplatz P2, von dem aus man nur noch 500 Meter weiter geht, um zur Kapelle am Klammweg zu gelangen.

Öffnungszeiten: 24 Stunden täglich in der schneefreien Zeit von Pfingsten bis Ende Oktober

Eintritt: 5/2 EUR Erwachsener/Kind (7-17 J.)

Aktivitäten: Bergsteigen

Unterkünfte:

- Höllentalangerhütte: 2014/15 neu erbaute und nun auch lawinensichere Hütte in einer Talsohle vor einzigartiger Zugspitz-Kulisse; Matratzenlager 27/22/18/10 EUR Erwachsener/Junior (14-17 J.)/Jugend (7-13 J.)/Kind (bis 6 J.) und Mehrbett-Zimmer 35/33/22/18 EUR Erwachsener/Junior (14-17 J.)/Jugend (7-13 J.)/Kind (bis 6 J.); Höllentalanger, 82491 Greinau, Tel.: 08821 9438548, *alpenverein-muenchen-oberland.de/hoellentalangerhuette*
- Gästehaus Richter: urig-moderne Unterkunft mit Freiluftschwimmbecken und wunderbarem Alpenpanorama der zum Greifen nahen Berge; Doppelzimmer ab 88 EUR und Suite ab 90 EUR; Zugspitzstraße 74, 82491 Grainau, Tel.: 08821 8709, *gaestehausrichter.de*

Hinweise: Da in der Klamm auch im Sommer kühle Temperaturen herrschen, sollte man unbedingt warme Kleidung mitnehmen. Aufgrund der vielen Wasserfälle und tropfenden Überhänge empfiehlt sich guter Regenschutz, um trocken zu bleiben und nicht auszukühlen. Rutschfeste Schuhe sind ein Muss.

24. Schachenschloss: Ein wahr gewordener, königlicher Traum

Erhaben – wie einer königlichen Residenz würdig – thront das Schachenschloss auf einem Plateau im Wettersteingebirge mit einer grandiosen Aussicht über die umliegenden Bergkämme. Zwar erinnert es von außen eher an ein Schweizer Chalet aus Holz, doch König Ludwig II. stellte sicher, dass auch hier Extravaganz zu finden war – wenn auch nicht gleich auf den ersten Blick ersichtlich.

Regelmäßig zog es den Märchenkönig zu seinem Geburts- und Namenstag am 25. August in sein 1869 errichtetes Königshaus am

Auf den finalen Metern zum Schachenschloss

Schachen. Ein Datum, an dem auch heute noch Königstreue jedes Jahr zum Gedenkgottesdienst den langen Aufstieg auf 1866 Meter auf sich nehmen.

Die Aussicht allein wäre eigentlich schon Belohnung genug für die Mühen, doch sollte man trotzdem auf jeden Fall auch das Innere des Schlosses ansehen. Die mit Zirbenholz verkleideten Räume im Parterre sind relativ schlicht gehalten, aber wer die Stufen ins Obergeschoss hinaufsteigt, dem wird der Atem stocken. Hier findet sich der Türkische Saal, ein Prunkzimmer im maurischen Stil, das mit Springbrunnen, edlen Teppichen, vergoldeten Schnitzereien, prunkvollen Lüstern und farbigen Glasfenstern eine Atmosphäre von Tausendundeiner Nacht verbreitet. Die perfekte Kulisse für

Königshaus am Schachen

einen König, der sich gern wie ein Sultan von seinen verkleideten Dienern umsorgen ließ, während er sich seinen Tagträumen hingab.

Unweit des Königshauses wurde 1901 ein interessanter Alpengarten angelegt, der als Außenstelle des Botanischen Gartens Münchens fungiert und über 1000 Gebirgspflanzen aus aller Welt enthält. Einen Besuch wert ist außerdem der Aussichtspavillon Belvedere, welcher einen gigantischen Blick ins Reintal, auf das Zugspitz-Massiv und bei schönem Wetter sogar bis zum Staffelsee gewährt.

Mangels einer Seilbahn erreichen nur fleißige Wanderer den Schachen, und doch kann es hier an sonnigen Sommerwochenenden ziemlich belebt sein – wenngleich das immer noch nichts ist im Vergleich zu den anderen Königsschlössern.

Die beliebteste Route ist der dreieinhalbstündige Königsweg von Elmau aus, der sich zwar meist als eher unspektakuläre Forststraße den Berg hinaufzieht, aber durch das unglaubliche Panorama doch nicht langweilig wird. Um ein wenig Abwechslung hineinzubringen, bietet es sich an, den Hinweg über die Wetterstein Alm und das Schachentor zu nehmen und beim Rückweg am kleinen Schachensee vorbei zu wandern.

Wer nicht schon bei der Besteigung auf den Spuren des „Kinis" wandeln möchte, der kann in anspruchsvolleren viereinhalb Stunden von Garmisch-Partenkirchen herauf gehen. Dabei muss man zwar zuerst mit den Touristenmassen durch die Partnachklamm, doch macht der einmalige Anblick dieses Naturschauspiels das schnell wett. Nach der Schlucht leert sich der Weg schnell, und es gilt sich zu entscheiden ob man über den Kälbersteig geht oder die Route über das Reintal wählt. Bei Ersterer quert man 300 Meter nach Klammende eine Forststraße und folgt dem steilen, aber beschilderten Steig durch dichten Bergwald, bis man auf den Königsweg trifft. Alternativ zweigt man nach der Klamm nach rechts ab und folgt der Beschilderung ins Reintal entlang der Partnach. Zweieinhalb Kilometer später trifft man auf einen Weg, der sich in vielen Kehren hinaufwindet, immer entlang des Oberreintalbaches mit seinen kleinen Wasserfällen. Nach der Überquerung eines Geröll- und Latschenfelds geht es an der Oberreintalhütte vorbei zum Teufelsgsaß. Der teilweise ausgesetzte Weg, welcher abschnittsweise sogar mit Seilen gesichert ist, ist sehr anspruchsvoll, auch da der Großteil des Höhenunterschieds dieser Route in diesem letzten Abschnitt bewältigt wird. Dafür hat man sich den Ausblick vom Belvedere wirklich verdient, und von hier ist es nur noch ein Katzensprung zum Schachenschloss.

Türkischer Saal

Der Schachensee

INFO

Lage: fünf Kilometer südlich von Garmisch-Partenkirchen

Anfahrt:

- Zum Wanderparkplatz in Elmau gelangt man von Garmisch-Partenkirchen aus über die Bundesstraße B2 nach Osten, wo man nach knappen zehn Kilometern den Ortsrand von Klais erreicht. Anschließend überquert man östlich des Bahnhofs die Gleise, folgt der rechtsabbiegenden Bahnhofstraße für 200 Meter und nimmt dann den Elmauer Weg. Dieser führt als kostenpflichtige Mautstraße (4 EUR pro Auto) am Schloss Elmau vorbei nach sechs Kilometern zum Wanderparkplatz.

- Zur Route über die Partnachklamm folgt man in Garmisch-Partenkirchen der Beschilderung zum gebührenpflichtigen Parkplatz an der Großen Olympiaschanze, der im Südosten des Ortes an der Auenstraße liegt. Von hier aus sind es 1,5 flache Kilometer bis zum Klammeingang.

Öffnungszeiten/Eintritt:

- Partnachklamm: geöffnet im Mai und Oktober von 8 bis 18 Uhr, von Juni bis September von 6 bis 22 Uhr und von November bis April von 9 bis 18 Uhr; Eintritt 5/2 EUR Erwachsener/Kind (6-16 J.)
- Schachenschloss: Innenbesichtigung nur im Rahmen einer 30-minütigen Führung: 5/0 EUR Erwachsene/Kinder (bis 18 J.), täglich um 11, 13, 14 und 15 Uhr von Anfang Juni bis Anfang Oktober; Schachenweg 1, 82467 Garmisch-Partenkirchen/Schachen, Tel.: 08822 92030, *schloesser.bayern.de/deutsch/schloss/objekte/schachen.htm*
- Alpengarten: von Mitte Juni bis Anfang September täglich von 8 bis 17 Uhr geöffnet; 3,50 EUR p. P.; Tel.: 089 17861310, *botmuc.org/de/garten/schachen_alpengarten.html*

Aktivitäten: Bergsteigen

Unterkünfte:

- Schachenhaus: familiengeführte Berggaststätte auf 1867 Metern Höhe neben dem Schachenschloss; Matratzenlager 15/7,50 EUR Erwachsener/Kind (bis 6 J.) und Zimmer 20 EUR p. P.; Schachenweg 1, 82467 Garmisch-Partenkirchen/Schachen, Tel.: 0172 8768868, *schachenhaus.de*
- Alpenhof Wallgau: gemütliche Unterkunft in malerischer Landschaft mit Anschluss an den kostenlosen Wanderbus nach Elmau; Doppelzimmer ab 75 EUR; Mittenwalder Straße 28, 82499 Wallgau, Tel.: 08825 2090, *alpenhof-wallgau.de*

Hinweise: Zum Saisonanfang und Ende gibt es manchmal kleinere Schneefelder auf der Route über das Schachentor. Bei Nässe ist am Kälbersteig besonders Acht zu geben. Die Partnachklamm kann aufgrund von Lawinen- bzw. Baumsturzgefahr unerwartet geschlossen werden.

25. BARMSEE: BAYERISCHE BILDERBUCH-LANDSCHAFT

Diese Wanderung bietet all das, was man sich unter oberbayerischer Voralpenlandschaft vorstellt: stille Bergseen, die gewaltige Bergkulisse drei verschiedener umliegenden Gebirge und traumhafte Almwiesen. Dabei braucht es nicht einmal Bergschuhe, da diese einfache Wanderung nicht viele Höhenmeter absolviert und doch ausgezeichnete Fotomöglichkeiten bietet.

Beginn der 15 Kilometer langen, entspannten Rundtour ist der Parkplatz entlang der Bundesstraße 150 Meter östlich des kleinen Weilers Barmsee. Von hier aus geht es wenige Meter nach Nordosten, bis man den Kranzbach überquert und nach links auf einen breiten Wanderweg abbiegt. Schon bald breitet sich linker Hand ein Moor mit saftigen Gräsern und interessanten Pflanzen aus. Blickt man durch das Schilf hindurch nach Westen zum versteckt

Barmsee

liegenden Barmsee, erkennt man in der Ferne sogar die Zugspitze. So sehr der See auch lockt, weiter geht es erst einmal geradeaus in Richtung Estergebirge.

Bei einer zur Saison mit Blumen übersäten Wiese biegt man zweimal scharf nach links ab, um auf eine Forststraße zu treffen, welche durch den Wald nach Westen führt. Kommt man aus dem Gehölz heraus und biegt an der Kreuzung noch einmal nach links ab, erreicht man einen wunderbaren Badeplatz am Nordwestufer des Barmsees. Seerosen zieren vereinzelt den Uferbereich, und in der Ferne bietet sich ein grandioser Blick auf das Karwendel. Wer die Badesachen eingepackt hat, kann hier ein paar Züge schwimmen oder einfach nur mit Panoramablick sonnenbaden.

Entlang des glasklaren Bergsees geht die idyllische Wanderung bis zu einer Weggabelung am nordwestlichsten Punkt. Hier wählt man die rechte Abzweigung, um erst durch ein weiteres Moorgebiet

und dann steil durch den Wald hinauf auf eine Anhöhe über dem benachbarten Geroldsee zu kommen. Hier präsentiert sich ein weiteres, fantastisches Bilderbuchpanorama: unten das tiefe Blau des Sees, umgeben vom satten Grün der umliegenden Wiesen mit zahlreichen, urigen Holzstadeln und im Hintergrund das Wettersteingebirge. Bleibt man auf dem Hauptweg, führt dieser an einem weiteren Badeplatz vorbei, an dem sich eine Rast lohnt.

Blaue Iris am Geroldsee

Am Weiler Geroldsee biegt man zweimal hintereinander nach links ab, um entlang der Südseite des Sees auf einem Feldweg in einer Schlaufe wieder auf den Weg zurück Richtung Barmsee zukommen. An dessen Westufer geht es dieses Mal allerdings nicht wieder zur Liegewiese, sondern nach rechts, vorbei an perfekt gelegenen Rastbänken mit Aussicht.

Nachdem der Weg in den Wald eintaucht, folgt ein kurzes, steiles Stück, bevor es wieder leicht abwärts zum kleinen Grubsee geht, der im Sommer ein kostenpflichtiges Naturfreibad an seinem Nordostufer bietet. Wer den Trubel dort meiden möchte, nimmt an der Kreuzung im Norden des Gewässers den Weg nach rechts und folgt ihm etwas erhöht parallel zum Ufer.

Am Südwestende biegt man erst nach rechts und nach circa 300 Metern nach links ab. Nach einem kurzen Stück durch den Wald erreicht man die Buckelwiesen am leicht erhöht liegenden Geißschädel. Entlang seiner Flanken finden sich die für das Werdenfelser Land typischen und einzigartigen Almwiesen mit skurriler Topografie. Die grasbewachsenen Buckelwiesen entstanden am

Ende der Würmeiszeit, als der Isargletscher Schotter zusammen schob. Frost- und Verkarstungsprozesse modellierten die Bodenwellen weiter aus, und so entstanden diese geomorphologischen Besonderheiten. Bis in die 1920er-Jahre gab es in Bayern noch 63.000 Hektar dieser Landschaftsformen, die jedoch im Laufe der Zeit immer mehr von Menschenhand eingeebnet wurden, um eine effizientere Landwirtschaft zu erlauben. Heute gibt es nur noch 1200 Hektar, von denen sich 1000 um Mittenwald herum finden.

Hat man sich an den unter Naturschutz stehenden Buckelwiesen und ihren reichen Magerrasen mit seltenen Pflanzen sattgesehen, geht es wieder zurück zum Grubsee. Dieses Mal wählt man den Weg entlang des Südufers und wandert durch den Ort Barmsee hindurch zurück zum Parkplatz an der Bundesstraße.

INFO

Lage: zehn Kilometer östlich von Garmisch-Partenkirchen

Anfahrt: Am Südostende von Garmisch-Partenkirchen nimmt man die Bundesstraße B2 nach Osten Richtung Krün. Zwei Kilometer nach Klais fährt man beim Weiler Barmsee nach links von der Hauptstraße ab und folgt dem Straßenverlauf nach rechts bis zum Parkplatz nach 200 Metern.

Öffnungszeiten: immer

Eintritt: nichts

Aktivitäten: Wandern, Baden

Unterkünfte:

- Alpenhof Wallgau: gemütliche Unterkunft in malerischer Landschaft; Doppelzimmer ab 75 EUR; Mittenwalder Straße 28, 82499 Wallgau, Tel.: 08825 2090, *alpenhof-wallgau.de*
- Landhotel zum Bad: uriges Hotel mit großem Badeteich und eigenen Buckelwiesen ums Haus herum; Doppelzimmer ab 93 EUR, Suite ab 141 EUR und Appartements ab 88 EUR; Am Bärnbichl 22, 82494 Krün, Tel.: 08825 92090, *hotel-zum-bad.de*

26. ESCHENLAINETAL: SCHLUCHTENTOUR MIT ERFRISCHUNGSFAKTOR

Gut versteckt zwischen Walchensee und dem Ende der Garmischer Autobahn bei Eschenlohe liegt das pittoreske Tal der Eschenlaine. Mal über- und mal unterirdisch, flach fließend oder tief stürzend hat sich der kleine Fluss seinen Weg gebahnt und ein Ausflugsziel geformt, das vielfältiger und spannender kaum sein könnte.

Knapp zehn Kilometer zieht sich die Eschenlaine von ihrer Mündung in die Loisach bis zu ihrem Ursprung unweit des Ortes Einsiedel am Walchensee 270 Meter weiter oben hin. Dabei bildet sie beeindruckende Schluchten, erfrischende Gumpen, sonnige Kiesbänke und zahlreiche kleine und große Wasserfälle.

Der Beginn zu dieser abwechslungsreichen Wanderung liegt am Wanderparkplatz Kuhalm, am südöstlichen Ende von Eschenlohe. Von hier aus geht es erst noch einmal kurz zurück Richtung Ort, bevor man nach rechts auf die Schellenbergstraße abzweigt und an deren Ende der Krottenkopfstraße nach Osten über den Wengererhof folgt. Am Waldrand beachtet man die nach links zeigende Beschilderung zur Asamklammschlucht, die einen nach wenigen Metern zum Flussbett der Eschenlaine bringt, welche hier nur vereinzelt einen Wasserlauf erkennen lässt. Rechts am Ufer entlang gelangt man anschließend in eine der imposantesten Schluchten der oberbayerischen Alpen, die Asamklamm.

Meist sanft fließt die Eschenlaine dahin.

Schroff und steil erheben sich zu beiden Seiten imposante Felswände, die so hoch sind, dass die Sonne nur selten den Klammboden erreicht. Am Ende des zu Fuß erreichbaren Teils der Schlucht findet sich ein erfrischendes Wasserbecken, von dem aus man die hoch über einem thronende Brücke über die Klamm sehen kann. Zu dieser gelangt man, indem man den steilen Stufen am südlichen Schluchtrand nach oben folgt, dann erst einmal links abbiegt, um auf den Hauptweg zu gelangen, und dann wenig später noch einmal links einen kurzen Abstecher bergab macht.

Theoretisch könnte man hier auf die Nordseite der Klamm wechseln, doch einsamer und schöner geht es sich weiter auf dem Hauptweg im Süden, den man nach gut 100 Metern nach links verlässt und einem kleineren Pfad fast einen Kilometer lang folgt, der bis zum meist komplett trockenen Flussbett der Eschenlaine führt. Hier verläuft der Fluss unterirdisch, und wandert man ein paar Meter flussaufwärts,

In der Asamklammschlucht

Gumpen laden zum Baden ein.

entdeckt man linker Hand eine Kiesstraße, der man aus dem Bett hinaus folgt. Diese trifft alsbald auf den Hauptweg entlang des nördlichen Flussufers, welchen man fortan weiter nach Osten begeht.

Nicht viel später taucht das Wasser der Eschenlaine plötzlich wieder auf, als wäre nichts gewesen, und rauscht fröhlich plätschernd neben dem Weg dahin. Über eine befestigte Furt geht es wieder auf die andere Seite, wo ein steiler Anstieg wartet. Kurz später lohnt es sich die Augen nach einem kleinen Weg nach links aufzuhalten. Hier gibt es einen Zugang zu traumhaften Gumpen, in denen man an heißen Sommertagen schwimmen gehen und sich danach auf den großen Felsen sonnen kann.

Weiter bergauf erreicht man bald die ihren Namen scheinbar zu Recht verdienende Gachentodklamm, über deren engen Beginn eine Brücke führt. Hier sieht man die zu einem kleinen, weitgehend aufgeschotterten See aufgestaute Eschenlaine schwindelerregend in die Tiefe stürzen. Doch so gefährlich es flussabwärts aussieht, so ruhig ist der Fluss vor der Staumauer, wo er auch ideal zum Schwimmen ist.

Zwei Kilometer und ein paar kurze, steile Abschnitte weiter erreicht man das letzte Highlight der Wanderung, bevor die Eschenlaine kleiner und kleiner wird und als unscheinbare Quellen im Wald verteilt endet: die Mündung von der Grießlaine in die Eschenlaine.

Unterhalb der Furt durch den Zufluss haben sich einige herrliche Kiesbänke gebildet, von denen aus man die wunderschöne Landschaft rundum genießen kann. Alternativ kann man sich in den kleinen Gumpen der Grießlaine abkühlen oder unter dem kleinen Wasserfall der Eschenlaine duschen.

INFO

Lage: 15 Kilometer nordöstlich von Garmisch-Partenkirchen

Anfahrt: Von Garmisch-Partenkirchen aus nimmt man die Bundesstraße B2 Richtung Norden und fährt am Autobahnanfang der A95 vorbei hinein in den Ortskern von Eschenlohe. Dort nimmt man die Loisachbrücke über den Fluss und folgt geradeaus der Krottenkopfstraße bis nach 750 Metern die Schellenbergstraße nach rechts abzweigt. Entlang dieser erreicht man nach weiteren 250 Metern den Wanderparkplatz Kuhalm.

Öffnungszeiten: immer

Eintritt: nichts

Aktivitäten: Wandern, Baden

Unterkünfte:

- Alpenhof Wallgau: gemütliche Unterkunft in malerischer Landschaft; Doppelzimmer ab 75 EUR; Mittenwalder Straße 28, 82499 Wallgau, Tel.: 08825 2090, *alpenhof-wallgau.de*
- Gästehaus Richter: urig-moderne Unterkunft mit Freiluftschwimmbecken und wunderbarem Alpenpanorama der zum Greifen nahen Berge; Doppelzimmer ab 88 EUR und Suite ab 90 EUR; Zugspitzstraße 74, 82491 Grainau, Tel.: 08821 8709, *gaestehausrichter.de*

Hinweise: Nach starkem Regen oder während der Schneeschmelze kann die sonst ruhige Eschenlaine stark anschwellen, und normalerweise zugängliche Wege oder Furten können eventuell nicht betreten werden. Beim Baden in den Gumpen sollte man nicht ins Wasser hineinspringen, da versteckte Felsen zur Gefahr werden können.

Miesbacher und Tölzer Oberland

Mangfallkaskaden bei der Grubmühle

Miesbacher und Tölzer Oberland

27. Isarspitz: Im Orchideenparadies Pupplinger Au
28. Dietramszell: Filmreife Weiherrunde durch den Zeller Wald
29. Valleyer Mangfalltal: Natur und Kultur im Tal, das nicht nur Künstler inspiriert
30. Glasbach Wasserfall: Erfrischende Wanderung im Sonnental
31. Wallgau: An der wilden Isar
32. Hochalm: Kleiner Gipfel mit großartiger Aussicht
33. Aiplspitz, Benzingspitz und Jägerkamp: Gipfelrausch im Mangfallgebirge
34. Soinsee: Auf den Spuren von Bruno, dem Braunbären
35. Lacherspitze, Seewandköpfl, Wildalpjoch und Käserwand: Vier Gipfel auf einen Streich

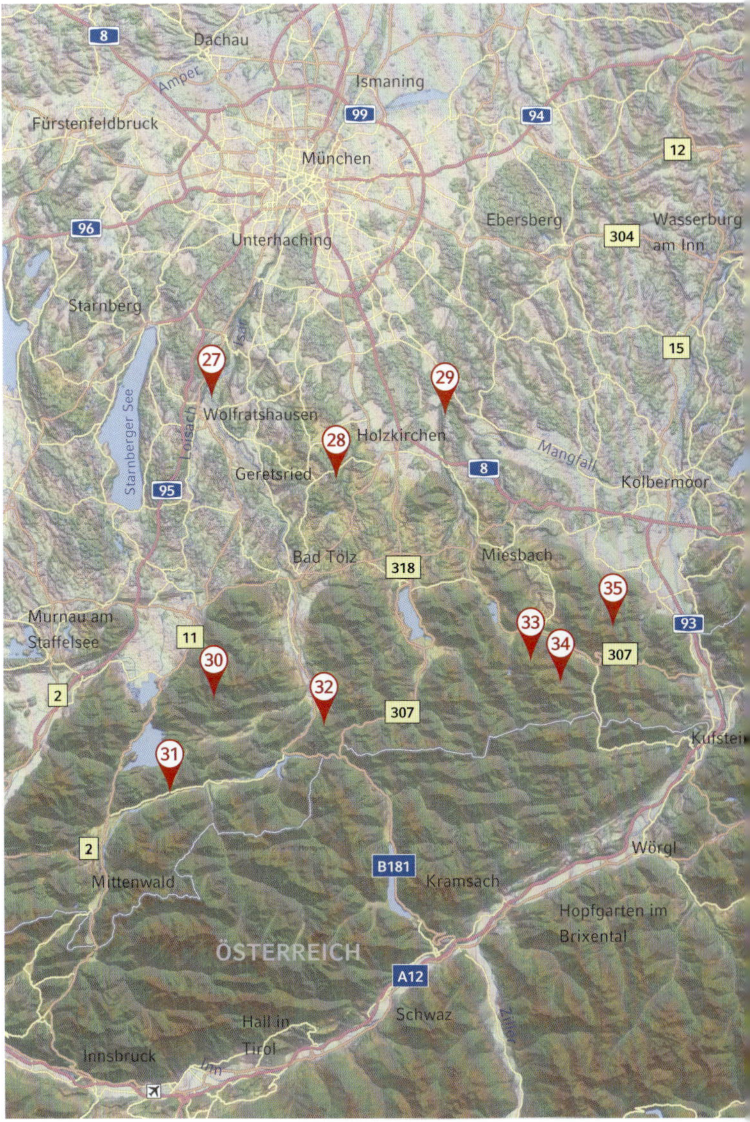
8
Dachau
Amper
Ismaning
99
94
Fürstenfeldbruck
München
12
96
Ebersberg
304
Wasserburg am Inn
Unterhaching
Starnberg
Isar
15
27
29
Starnberger See
Loisach
Wolfratshausen
28
Holzkirchen
Mangfall
95
Geretsried
8
Kolbermoor
Bad Tölz
318
Miesbach
35
Murnau am Staffelsee
11
33
93
30
34
307
2
32
307
31
2
Wörgl
B181
Mittenwald
Kramsach
Hopfgarten im Brixental
ÖSTERREICH
A12
Schwaz
Ziller
Hall in Tirol
Innsbruck
Inn

27. Isarspitz: Im Orchideenparadies Pupplinger Au

Die Pupplinger Au ist ein beliebtes Naherholungsgebiet an der Isar bei Wolfratshausen. Der Großteil der Besucher hält sich jedoch ans Ostufer, wo eine geteerte Straße und Gaststätten zur Einkehr laden. Deutlich ruhiger ist der westliche Teil zwischen den Flüssen Loisach und Isar, der neben zahlreichen Kiesbänken einen urigen Auwald zum Erkunden und seltene Orchideen zum Entdecken bietet.

Das dichte, aber nicht beschilderte Wegenetz der westlichen Pupplinger Au macht es nicht leicht einen einfachen Rundweg zu beschreiben. Doch wer sich direkt bei der Floßlände unterhalb der Marienbrücke in den Wald schlägt und dem schmalen Pfad stetig rechts haltend entlang der Isar flussabwärts folgt, ist schon einmal auf einem guten Weg.

Mal mehr, mal weniger nah geht es entlang der Isar, auf der zur Sommerzeit sowohl Flöße mit Ausflugsgesellschaften und Blasmusik an Bord als auch Schlauchboote von Hobbykapitänen gen Landeshauptstadt treiben. Nach einem knappen Kilometer ermöglichen mehrere Stichwege Abstecher an den Fluss, wobei sich die Bademöglichkeiten in Grenzen halten – die Isar macht hier nämlich ihrem keltischen Namen „die Reißende" alle Ehre. Keine künstlichen Begradigungen, Kanäle, Kraftwerke oder Wehre verbauen den Weg, und lassen sie ihren echten Wildflusscharakter zeigen.

Immer wieder ergeben sich Blicke auf die Isar.

Doch ein komplett ursprünglicher Strom ist sie auch hier nicht mehr. Der 1959 in Betrieb genommene und über 40 Kilometer entfernte Sylvensteinspeicher flussaufwärts hält im Durchschnitt jährlich 60.000 Kubikmeter an Steinen zurück. Diese formten in der Vergangenheit bei jedem Hochwasser zahlreiche neue Kiesbänke, auf die besondere Vogelarten angewiesen sind. Um die wenigen verbleibenden Kiesbänke zu schützen, hat man spezielle Bereiche deklariert, die in der Brutsaison nicht betreten werden dürfen.

Pfad durch den dichten Auenwald

Durch dichten und urwaldartigen Auwald geht es etwas weiter vom Wasser entfernt über und unter umgestürzten Bäumen hindurch an sanft fließenden Seitenarmen der Isar vorbei. Wo sich der Wald lichtet und man einen weiten Blick über den Fluss und seine Kiesbänke bekommt, ist ein idealer Ort für ein Bad in den ruhigeren Teilen des Gewässers.

Um an den Isarspitz (dem Zusammenfluss von Isar und Loisach) zu kommen, folgt man dem Pfad, der in einer scharfen Linkskurve

Goldrutenfeld

hinüber ans Loisachufer führt. Dabei geht es im Sommer durch mannshohe Goldrutenfelder, in denen es summt und brummt. Auf der anderen Seite angekommen führt ein schmaler Pfad entlang des Loisacher Ostufers Richtung Norden. Ganz an die Spitze kommt man wegen des vielen Treibholzes nicht, aber die beiden Flüsse lassen sich hier trotzdem gut betrachten.

Die Loisach

Auf dem anfangs gleichen Weg zurück geht es entlang des Loisachufers dann wieder nach Süden. Schon nach wenigen Metern teilt sich der Weg: Ein Pfad führt leicht aufwärts nach rechts weiter am Ufer entlang, der andere biegt ins Innere der Landzunge nach links. Letzterem folgt man und bleibt dabei so lange auf der Hauptspur, bis mitten im Wald ein Weg nach scharf links und leicht abfallend abzweigt. Diesem folgt man wenige Meter und verlässt ihn dann auch gleich schon wieder bei der nächsten Möglichkeit nach rechts. Stets dem Hauptpfad folgend gelangt man so in eine wunderbare Landschaft aus Schneeheide, Kiefern, Wacholder und Orchideen. Wer zur richtigen Zeit im Jahr unterwegs ist, kann sogar seltene Kostbarkeiten wie den Frauenschuh, Knabenkraut sowie Rag- und Stendelwurzen entdecken.

An einer länglichen Waldlichtung mit einem kleinen Weiher lädt eine Bank zum Verweilen ein. Hält man sich bei den nächsten beiden größeren Kreuzungen einmal rechts und dann nach links, sollte man recht bald schon wieder an der Floßlände ankommen.

INFO

Lage: direkt im Norden von Wolfratshausen

Anfahrt: Entweder parkt man sein Auto auf dem kleinen Parkplatz 250 Meter westlich der Marienbrücke auf der Südseite der Hauptstraße nach Sauerlach und wechselt zu Fuß auf die Straßenseite, um zur Floßlände unterhalb der Marienbrücke zu kommen. Oder man parkt in Wolfratshausen, folgt dem nach Westen verlaufenden Rad- und Fußweg bis kurz vor der Brücke, und geht dann links hinab zur Floßlände.

Öffnungszeiten: immer

Eintritt: nichts

Aktivitäten: Wandern, Baden

Unterkünfte:

- Hotel Isartaler Hof: zentral in Wolfratshausen gelegenes, gemütliches Hotel, von dem aus man zu Fuß in die Pupplinger Au marschieren kann; Doppelzimmer ab 99 EUR; Sauerlacher Straße 47 c, 82515 Wolfratshausen, Tel.: 08171 2388122, *hotel-isartaler-hof.de*
- Landhaus Hotel: moderne Unterkunft in einem der ältesten Bauernhöfe der Stadt Wolfratshausen mit eigenem Café und Restaurant; Doppelzimmer ab 118 EUR; Sauerlacher Straße 10, 82515 Wolfratshausen, Tel.: 08171 216570, *landhauscafe.de*

Eintritt: Vom 15. März bis 10. August dürfen ausgeschilderte Vogelschutzbereiche nicht betreten werden, um im Kies nistende Vögel nicht bei der Aufzucht ihrer Jungen zu stören. Nicht erschrecken, wenn einem hüllenlose Menschen begegnen! Die Pupplinger Au ist bei Anhängern der Freikörperkultur ein beliebtes Ausflugsziel, doch halten sich auch hier die meisten ans Ostufer.

28. Dietramszell: Filmreife Weiherrunde durch den Zeller Wald

Landschaftliche einmalig schön und ruhig liegt das Klosterdorf Dietramszell im Norden des Ellbach- und Kirchseemoors. Das lockt nicht nur Freunde von einsamen Pfaden in die Gegend, sondern auch immer wieder mal deutsche Filmcrews, die hier schon einige Drehorte für ihre Produktionen gefunden haben.

Beginn der entspannten, neun Kilometer langen Wanderung ist der Parkplatz östlich der Klosterschänke, von wo aus man am Pfarrzentrum vorbei und anfangs parallel zur Straße nach Holzkirchen dem Fußweg dorfauswärts folgt. Zwischen sanft hügeligen Wiesen geht es Richtung Wald über den Zeller Bach, der links im Klosterfilz einen gut hinter Bäumen versteckten, kleinen Weiher speist. Der Abstecher hierhin findet sich nur ein paar Meter weiter. Leider gibt es keinen Rundweg um das Gewässer herum, aber ein paar Bänke laden zur Rast ein, um die herrliche Ruhe hier zu genießen.

Blumenmeer am Dietramszeller Waldweiher

Steg am Hackensee

Zurück auf dem Hauptweg geht es in den Wald hinein. Nach gut einem Kilometer zweigt man nach links ab, jedoch nicht auf die Straße, die mit einem Fahrverbotsschild gekennzeichnet ist, sondern eine danach. Dieser folgt man mehrere Hundert Meter lang durch den oft in wundervollen Vogelgesang getauchten Forst. An der T-Kreuzung geht es nach rechts, und 300 Meter später erreicht man eine Stelle, an der sich fünf Waldwege treffen. Von den rechter Hand Abzweigenden wählt man den ganz rechts, welcher nun als schmaler, beidseitig etwas eingewachsener Pfad relativ steil abwärts führt.

Dieser bringt einen zu einem weiteren Weiher mitten im Wald, mit einer kleinen Fischerhütte. Folgt man dem linken Pfad entlang des Kirchseebachs, so erreicht man nach kurzer Zeit eine große Lichtung und Liegewiese am Hackensee. Meist kommen nur Einheimische hierher, da das moorige Wasser mit nur dreieinhalb Metern Tiefe und vielen Wasserpflanzen nicht die erste Wahl für Schwimmer ist. Doch vielleicht machte gerade dies den Reiz für Marcus H. Rosenmüller aus, der ihn als sagenumwobenen „Danninger Weiher" in seiner bayerischen Filmkomödie „Wer früher stirbt, ist länger tot" in die Kinos brachte. Wer keine Lust auf ein Bad hat, kann stattdessen dem schmalen Rundweg um den See folgen.

Anschließend geht es wieder auf fast gleichem Wege zurück in Richtung Dietramszell. Allerdings verlässt man den Wald nicht beim Weiher im Klosterfilz, sondern nimmt circa 500 Meter zuvor an der Dreierkreuzung mit grüner Grasinsel den Forstweg nach links. Dieser bringt einen kurz später zu einer weiteren Kreuzung im Wald, an der man am besten erst dem Weg geradeaus folgt. Mehrere Abstecher linker Hand führen immer wieder einmal zu kleinen Stegen am Dietramszeller Waldweiher, der sich besser zum Baden eignet als der Hackensee. In traumhafter Abgeschiedenheit kann man sich hier die Sonne auf den Bauch scheinen lassen und seine Brotzeit auspacken.

Forstweg im Zeller Wald

Schaut man sich um, verwundert es nicht, dass dieser kleine See schon öfters im TV zu sehen war. Zu den bekanntesten Produktionen gehören wohl eine Folge von „Meister Eder und sein Pumuckl" und auch eine Episode aus dem Serienklassiker „Forsthaus Falkenau".

Zurück an der Kreuzung im Wald biegt man zweimal hintereinander nach rechts ab und gelangt so auf einen Weg, der über satte Wiesen mit weidenden Kühen und blühenden Wildblumen am Rande des Schilfs nach Westen führt. Wo der See endet, beginnt eine große Wiese mit vereinzelten, mächtigen

Eichen, auf der Szenen zu Bully Herbigs Kinofilm „Der Ballon" gedreht wurden.

Folgt man der Forststraße nach links in den Wald hinein, findet man außerdem rechter Hand die hübsche und mit reichem Barock ausgestattete Wallfahrtskirche Maria Elend. Auch sie war Drehort zahlreicher Szenen von „Forsthaus Falkenau", ebenso wie das Privatanwesen des Barons von Schilcher, welches man 650 Meter weiter kurz vor dem Ort Dietramszell rechts vom Weg findet. Von hier aus sind es dann nur noch ein paar Schritte zurück zum Parkplatz.

INFO

Lage: fünf Kilometer südwestlich von Holzkirchen

Anfahrt: Von der Autobahn A8 Ausfahrt bei Holzkirchen fährt man in den Ortskern und folgt der Tölzer Straße Richtung Bad Tölz. 700 Meter nach dem Ortsausgang von Holzkirchen biegt man nach rechts auf die relativ kurvige und enge Staatsstraße 2073, die direkt nach Dietramszell führt. Gegenüber vom Kloster fährt man vor der Klosterschänke nach links ab und gleich darauf noch einmal, um zum kostenlosen Parkplatz zu gelangen.

Öffnungszeiten: immer

Eintritt: nichts

Aktivitäten: Wandern, Baden

Unterkünfte:

- Gasthof Neuwirt: in vierter Generation geführter bayerischer Landgasthof mit modernen und traditionell eingerichteten Zimmern in einem typisch oberbayerischen Dorf; Doppelzimmer ab 95 EUR; Tölzer Straße 112, 83607 Holzkirchen/Großhartpenning, Tel.: 08024 7654, *hotel-gasthof-neuwirt.de*
- Bio-Landhotel Moarwirt: moderne Gästezimmer mit teilweise einzigartigem Blick auf das Tölzer Voralpenland; Doppelzimmer ab 110 EUR; Sonnenlängstraße 26, 83623 Dietramszell/Hechenberg, Tel.: 08027 1008, *moarwirt.de*

29. Valleyer Mangfalltal: Natur und Kultur im Tal, das nicht nur Künstler inspiriert

Wie sie diesen wunderbaren Flecken Erde gefunden haben, wissen sie auf Nachfrage oft selbst nicht mehr. Und doch scheint die Mangfall bei Valley eine fast schon magische Anziehungskraft auf Künstler aus nah und fern zu haben. Was auch immer es ist – die Kunstszene hier ist eine der aktivsten weit und breit und kann bei einer Wanderung durchs malerische Flusstal teilweise hautnah erlebt werden.

Metallskulptur des Künstlers Schwalbach in dessen Garten

Skulpturen aus Stein am Mangfallufer

Ein idealer Einstiegspunkt für diese entspannte Tour ist das hinter dem Bräustüberl gelegene Alte Schloss in Valley, in dem der berühmte Autor Michael Ende einige Jahre wohnte und Teile der „Unendlichen Geschichte" schrieb. Von hier führt eine Teerstraße steil nach unten ins Stille Tal, in dem sich zahlreiche Künstler jeglicher Art, von Musik über Malerei bis hin zum Film, niedergelassen haben. Auf den ersten Blick ist ihre Kunst oft nicht gleich sichtbar, doch wer genau hinhört oder hinsieht, kann schon mal einen Ton oder Blick erhaschen.

Kurz vor der Brücke über den Fluss biegt man nach links ab und folgt dem Weg mehr oder weniger geradeaus, vorbei an der Hofkapelle Aumühl, in den Wald hinein. Bei einem kleinen Bach geht es scharf nach rechts und über Stock und Stein abwärts Richtung Anderlmühle. Spätestens hier entdeckt man beim Blick in den Garten des Bildhauers Schwalbach Kunst in Form von beeindruckenden Metallskulpturen.

Auf ungefähr halber Strecke der steil nach oben führenden Straße Richtung Hohendilching biegt man nach rechts ab und nähert sich wieder der Mangfall. Bevor es an die Überquerung des Flusses geht, empfiehlt sich jedoch ein kleiner Abstecher nach links zur Skulptur-Lichtung eines weiteren hier ansässigen Bildhauers, der unter dem Künstlernamen TOBEL bekannt ist. Von Argentinien bis Taiwan findet man seine Steinkunstwerke, von denen auch einige auf der Lichtung im Wald ausgestellt sind. Sie werden ergänzt durch Werke von Kollegen, die sich hier jährlich zum Internationalen Bildhauer Symposium einfinden und das sonst so ruhige Tal für ein paar Tage lautstark mit Leben füllen.

Steinskulptur des Bildhauers TOBEL ...

... auf der Skulptur-Lichtung

Auf der anderen Flussseite geht es weiter nach links, der Beschilderung Richtung Kreuzstraße folgend. Anfangs noch direkt an der Mangfall entlang führend, taucht der Pfad schon bald in den Wald ein und entfernt sich vom Fluss. An einer Weggabelung geht es nach rechts, und nach einem leichten Anstieg von einem halben Kilometer erreicht man einen schönen Aussichtspunkt hoch über einem Böschungsrutsch am Fluss.

Wenig später verlässt man den Wald, und nun führt eine geteerte,

Aquädukt über den Teufelsgraben

aber kaum befahrene Straße weiter bis zu einer zweiten Brücke über die Mangfall, von wo aus man einen herrlichen Blick auf die zahlreichen Kaskaden hier hat. Wer bei sommerlichen Temperaturen unterwegs ist und bisher entlang der Strecke noch nicht im Wasser war, dem bietet sich hier die letzte Möglichkeit sich in die eisigen Fluten zu stürzen oder zumindest die Füße hinein zu strecken.

Wieder auf der anderen Seite der Mangfall angelangt geht es an der Fischzucht Grubmühle vorbei, nach der man in einer scharfen Linkskurve der Beschilderung links nach Hohendilching folgt und somit in den Teufelsgraben einbiegt. Dieses – man mag es kaum glauben – ehemalige Urstromtal der Isar ist heute trocken und führt Richtung Bahnhof Kreuzstraße. Um den gewaltigen Graben zu überbrücken und frisches Trinkwasser aus dem Mangfalltal nach München zu bringen, wurde hier 1890 ein imposantes Aquädukt gebaut, welches jedoch seit vielen Jahren auf eine liebevolle Renovierung wartet.

200 Metern nach dem Bauwerk führt ein schmaler und etwas versteckter Pfad nach links steil hinauf durch den Wald. Folgt man ihm

oben angekommen an der Kreuzung geradeaus, erreicht man eine Wiese, über die ein grasiger Feldweg nach Hohendilching führt. Ein kurzes Stück auf einer ruhigen Teerstraße führt in den Ort, in dem man sich Richtung Kirchturm orientiert und von dort aus wieder ins Tal hinabsteigt und den ersten, bereits bekannten Teil der insgesamt zehn Kilometer langen Strecke zurück nach Valley wandert.

INFO

Lage: fünf Kilometer nordöstlich von Holzkirchen

Anfahrt: Verlässt man die Autobahn A8 bei Weyarn, folgt man der Beschilderung Richtung dem Ort. Am Kreisverkehr nimmt man die erste Ausfahrt und folgt der Straße hinunter ins Mangfalltal und auf der anderen Seite wieder hoch. Sobald man aus dem bewaldeten Tal kommt, biegt man rechts nach Valley ab. Nach circa 700 Metern verlässt man diese Straße leicht nach rechts und gelangt durch eine Lindenallee zwei Kilometer später zum Parkplatz beim Neuen Schloss in Valley.

Öffnungszeiten: immer

Eintritt: nichts

Aktivitäten: Wandern, Baden, Kunstgenuss

- Valleyer Kulturtage: alle zwei Jahre im Oktober veranstalten die Valleyer Künstler ein mehrtägiges Fest mit Kunst, Musik, Literatur, Theater und Filmen; Eintritt 5 EUR pro Veranstaltung bzw. 15 EUR für alle; Graf-Arco-Straße 19, 83626 Valley, *valleyer-kulturtage.de*

Unterkünfte:

- Chalet Valley: exquisite Unterkunft unweit des Teufelsgrabens bei Kreuzstraße; Doppelzimmer ab 129 EUR; Gruber Straße 3, 83626 Valley/Kreuzstraße, Tel.: 08024 9029702, *chalet-valley.de*
- Pension Schweizer Haus: familiäre Pension im kleinen Dorf Wattersdorf zwischen Weyarn und dem Seehamer See; Doppelzimmer ab 89 EUR; Weyarner Straße 8, 83629 Weyarn/Wattersdorf, Tel.: 08020 1290, *pensionschweizerhaus.de*

30. Glasbach Wasserfall: Erfrischende Wanderung im Sonnental

Ein stilles Hochtal in den oberbayerischen Bergen, traumhafte Landschaft, idyllische Almen und ein kühler Gebirgsfluss, der sich malerisch seinen Weg bahnt. Die Jachenau ist einer der Flecken, an dem die Zeit still zu stehen scheint und sich die Ursprünglichkeit Oberbayerns noch so präsentiert, wie man sie sich vorstellt.

Trotz seiner unglaublichen Schönheit verlaufen sich nur wenige Touristen in das von Einheimischen stolz Sonnental genannte Gebiet um den Ort Jachenau. Die meisten Besucher sind aus der näheren Umgebung, die oft selbst überrascht sind, was sich hier für ein kleines Juwel vor ihrer Haustür versteckt.

Die gemütliche und gut ausgeschriebene Wanderung zum eineinhalb Stunden entfernten Glasbach Wasserfall beginnt am gebührenpflichtigen Parkplatz neben der Kirche beim Schützenhaus des charmanten und typisch oberbayerischen Dorfes Jachenau. Von hier aus folgt man der Beschilderung und wandert linker Hand mehr oder weniger nah entlang des kleinen Flusses Große Laine. Durch wunderbaren Mischwald geht es sanft auf der linken Uferseite eineinhalb Kilometer dahin.

Trifft man kurz später auf eine Forststraße, folgt man ihr wenige Hundert Meter nach rechts, bevor man kurz nach einer kleinen Hütte in der Wiese linker Hand wieder in den Wald nach rechts eintaucht. Immer noch auf der gleichen Uferseite bleibend geht es im Schatten weiter, bis eine kleine Brücke über den sanft rauschenden Fluss führt. Ungeduldige können sich an heißen Tagen schon hier in einem glasklaren Wasserloch abkühlen.

Auf der anderen Seite trifft der Pfad bald auf eine Forststraße, der man gut einen Kilometer lang bergauf folgt, bis man zur von Almwiesen umgebenen Lainl-Alm kommt. Diese über 150 Jahre alte Hütte ist von Mitte Juni bis Anfang Oktober von einer Sennerin bewirtschaftet, welche die besten hausgemachten Kuchen und

Bach unterhalb der Peterer Alm

Die besten Kuchen weit und breit gibt's frisch gebacken auf der Lainl-Alm.

Brotzeit weit und breit macht. Ein idealer Stopp also, an dem Wanderer auf dem Hin- oder Rückweg Rast machen und die Landschaft genießen können, während die Kühe um sie herum gemütlich wiederkäuen. Doch nicht nur kulinarisch ist hier etwas geboten. Wer genau schaut, findet zehn Meter nordöstlich der Alm in der Wiese Fundamentsteine einer Vorgängerhütte. Diese beinhaltet versteinerte, 200 Millionen Jahre alte Megalodonten, welche im Volksmund auch als Kuhtrittmuscheln bekannt sind.

Direkt hinter der Lainl-Alm führt ein Pfad weiter in das Glasbachtal. Folgt man dem Bach, hört man schon bald den nur noch 500 Meter entfernten Wasserfall rauschen. Beeindruckend stürzt dort das Wasser über breite Felsen circa 15 Meter in die Tiefe, und ganz Mutige trauen sich sogar in das eisige Becken unterhalb einzutauchen. Doch selbst wenn man zu der verfrorenen Sorte gehört, lässt

Imposante 15 Meter stürzt der Glasbach Wasserfall in die Tiefe.

es sich hier ausgezeichnet seine mitgebrachte Brotzeit in einer einmaligen Umgebung genießen.

Wer Lust auf mehr hat, kann auf die rechte Seite des Glasbachs wechseln und dem anfangs steilen Pfad weiter nach oben folgen. Der kleine Fluss bildet noch einige weitere Wasserfälle, die wunderschön anzuschauen, jedoch meist nicht zugänglich sind, weil sie sich so tief in die Schlucht eingeschnitten haben. Nach einem weiteren Kilometer auf dem Hauptpfad erreicht man die rechts oberhalb und versteckt liegende Peterer-Alm, auf deren Wiesen sich im Sommer tiefblaue Enziane bewundern lassen. Bevor man sich auf den Rückweg macht, kann man hier im Glasbach noch einmal seine Füße ins Wasser baumeln lassen und sogar etwas flussabwärts in die Schlucht hinein wandern, um zu ein paar kleineren Gumpen zu gelangen, die man ziemlich sicher ganz für sich alleine hat.

INFO

Lage: 15 Kilometer südwestlich von Lenggries

Anfahrt: Von Lenggries aus fährt man die Bundesstraße B13 nach Süden und nimmt die Ausfahrt nach Jachenau/Wegscheid. Nach der Überquerung der Isar biegt man an der T-Kreuzung nach links ab und folgt der Jachenauer Straße bis in den Ortskern des gleichnamigen Dorfes in 14 Kilometern Entfernung. Unterhalb der Kirche findet sich das Schützenhaus, hinter dem der gebührenpflichtige Wanderparkplatz ausgeschrieben ist.

Öffnungszeiten: immer

Eintritt: nichts

Aktivitäten: Bergsteigen

Unterkünfte:

- Gasthof zur Jachenau: familiengeführter Gasthof im Ort Jachenau; Doppelzimmer ab 85 EUR und Ferienwohnung ab 69 EUR (mind. drei Nächte); Dorf 8 ½, 83676 Jachenau, Tel.: 08043 9100, *hotel-gasthof-jachenau-toelzer-land.de*
- Cölestinhof: Urlaub auf dem Bauernhof der Familie, der auch die Lainl-Alm gehört; Ferienwohnung ab 59 EUR; Berg 3, 83676 Jachenau, Tel.: 08043 331, *coelestinhof.de*

31. WALLGAU: AN DER WILDEN ISAR

Kurz vor der Grenze zu Österreich findet sich unweit des Walchensees und Sylvensteinspeichers ein Flecken Erde, an dem die meisten Besucher für einen Moment verblüfft innehalten und überlegen, wie sie so plötzlich in Kanada gelandet sein konnten. Wildromantisch und einsam präsentiert sich hier eine der letzten Wildflusslandschaften der Alpen, und wem die renaturierte Isar in München gefällt, der wird sie hier lieben.

Als wäre man in Kanada ...

Links und rechts von bewaldeten Bergflanken begrenzt, windet sich die Isar zwischen Wallgau und Vorderriß auf ihrem breiten Kiesbett durch eine atemberaubende Landschaft, wie man sie sonst nur aus Nordamerika kennt. Mal als breiterer Fluss, mal als vielverzweigtes Netz von kleineren Flussarmen, fließt sie je nach Jahreszeit ruhig oder wildrauschend gen Osten. Dort wird sie im Sylvensteinspeicher aufgestaut und anschließend wieder freigelassen wird, um ihren Weg Richtung Landeshauptstadt fortzusetzen.

Die alljährliche Schneeschmelze verleiht der Isar jedes Jahr wieder neue Kraft unzählige Kiesbänke neu zu bilden, sowie Alte zu verschieben und zu verändern. Mal ist der Fluss milchig, mal kristallklar – wobei Letzteres vor allem im Sommer der Fall ist und die Isar zu einem idealen Badeziel für heiße Tage macht.

Mountainbiker auf dem Weg entlang des Südufers

Die Schönheit dieser Gegend entging auch den Straßenplanern nicht, weswegen es auf der Nordseite der Isar eine beliebte Mautstraße mit mehreren Aussichtspunkten gibt. Die Wege auf der Südseite sind jedoch dank der Breite des Flussbettes soweit entfernt, dass man von dem Motorenlärm auf der anderen Seite nichts mitbekommt. Stattdessen kann man hier auf einer Strecke von ungefähr 13 Kilometern zwischen Wallgau und Vorderriß wandern oder Radfahren und die Einsamkeit genießen. Will man die komplette Distanz zurücklegen, bietet es sich an, sich aufs Mountainbike zu schwingen. Allerdings sollte man dafür schon fit sein, da ein paar ungeahnte Steigungen bezwungen werden müssen.

Immer wieder ergeben sich fantastische Ausblicke.

Der Weg ist meist leicht ersichtlich, und immer wieder ergeben sich Möglichkeiten an den Fluss zu gelangen. Der Tourbeginn bei Wallgau liegt nahe der Floßbühne am Isarsteg. Von hier aus geht es über den Fluss und anschließend auf dem breiten Weg nach links. Bereits nach kurzer Zeit kommt man an der Auhütte vorbei, die man sich als nette Einkehroption für den Rückweg merken kann.

Blick vom Isarsteg bei Wallgau

Dem breiten Forstweg folgend geht es über das imposante, aber meist wasserarme Kiesbett des Kaltwassergrabens und wenig später steiler in die Bergflanke hinein über den Markgraben. Wieder näher an der Isar erreicht man alsbald eine Dreieckskreuzung, an der es sich anbietet den linken Abzweig zu nehmen, um an einer Hütte vorbei einen kleinen Abstecher zum Fluss zu machen. Wenn es der Pegel erlaubt, kann man hier durchs Wasser waten und über Kiesbänke, Treibholz und kleine Seitenarme weiter zum Hauptfluss gelangen. Stünde hier plötzlich ein Elch oder Grizzly vor einem, wäre man wahrscheinlich nicht einmal überrascht.

Wählt man an der Kreuzung den Weg nach rechts, geht es weiter Richtung Vorderriß – mal durch malerischen Wald, mal zwischen naturbelassene Wiesen hindurch, auf denen es von Insekten aller Art nur so wimmelt. Immer dem Hauptweg folgend erreicht man später eine T-Kreuzung, unter der sich ein Stollen versteckt, der den von Süden kommenden Rißbach kanalisiert und unterirdisch unter der Isar hindurch letztendlich zum Walchensee führt. Hier geht es nach links, wodurch man nach kurzer Zeit auf die Brücke des Soiernwegs gelangt, die zur Mautstraße hinüber führt.

Möchte man auf einer schöneren Strecke ohne Verkehr nach Vorderriß gelangen, sollte man 50 Meter vor der Brücke 600 Meter weiter nach Osten gehen. Hier führt eine Kiesrampe hinab zum meist trockenen und breiten Bett des Rißbachs, das man überqueren kann, um dann kurz später links nach Vorderriß zu gelangen, wo König Ludwig einst eine Jagdhütte hatte.

INFO

Lage: 25 Kilometer südwestlich von Bad Tölz

Anfahrt:

- Um von Bad Tölz aus nach Wallgau zu gelangen, folgt man der Bundesstraße B472 durch Bad Heilbrunn hindurch und zweigt bei Bichl auf die B11 ab. Durch Benediktbeuern und Kochel geht es über den Kesselberg am Westufer des Walchensees vorbei bis nach Wallgau. 400 Meter nach der Abzweigung zur Mautstraße biegt man nach links auf die Flößerstraße ab und folgt dieser bis zum Ende. Anschließend geht es auf der Isarstraße nach links, wo man nach 400 Metern zum kostenpflichtigen Parkplatz am Isarsteg gelangt.
- Um nach Vorderriß zu gelangen, nimmt man von Bad Tölz aus die B13 nach Süden durch Lenggries hindurch bis zur Staumauer am Sylvensteinspeicher. Der B307 nach rechts folgend geht es an Fall vorbei nach Vorderriß, wo man der Linkskurve am Gasthof Post vorbei folgt und sein Auto anschließend etwa 500 Meter später entlang der Straße abstellen kann, um in das Bett des Rißbachs zu gelangen.

Öffnungszeiten: immer

Eintritt: nichts

Aktivitäten: Wandern, Radfahren

Unterkünfte:

- Gasthof Post: traditioneller Landgasthof in Vorderriß, der schon von Ludwig Thomas Eltern geführt wurde; Doppelzimmer ab 96 EUR, Ferienwohnung ab 70 EUR (mind. drei Nächte) und Touristenlager ab 30 EUR; Vorderriß 5, 83661 Vorderriß, Tel.: 08045 277, *post-vorderriss.de*
- Gästehaus Alpengruß: im modernen Alpenstil eingerichtete Unterkunft in erhöhter Lage mit traumhaftem Blick über das Karwendelgebirge; Doppelzimmer ab 60 EUR; Sonnleiten 3, 82499 Wallgau, Tel.: 08825 517, *alpengruss-wallgau.de*

Hinweise: Im Sommer sollte man Insektenspray auftragen, da es viele Bremsen und Mücken geben kann.

32. Hochalm: Kleiner Gipfel mit grossartiger Aussicht

Ein relativ kurzer Anstieg mit einer überraschend tollen Aussicht macht die Hochalm zu einem perfekten Ziel für Familien mit kleinen Kindern oder Langschläfer. Hat man den nach einer Alm benannten Gipfel erfolgreich bestiegen, kann man seine Füße an besonders heißen Tagen in den Gumpen entlang des Weges abkühlen.

Die relaxte Tour zur Hochalm beginnt am Wanderparkplatz im Nordosten des Sylvensteinspeichers direkt linker Hand entlang der Straße, kurz nach dem Eingang zur Walchenklamm auf der gegenüberliegenden Seite. Dem Forstweg am Ostende folgend geht es relativ flach dahin durch dichten Mischwald, auf dem einem schon einmal kleine Blindschleichen oder Frösche begegnen können. Nach einigen Hundert Metern erreicht man den Gerstenrieder Graben. Hier fließt der erste und größte von zahlreichen Bächen und Rinnsalen, die ein besonders bei Kindern beliebtes Highlight dieser Tour sind. Das Wasser formt zahlreiche Gumpen, in denen man in der Sommerhitze Erfrischung findet. Zwar sind sie eher klein und nicht ideal zum Baden, aber zumindest zum Füße hinein halten reicht es.

Der Gerstenrieder Graben mit seinen kleinen Gumpen

Anschließen hält man sich am besten rechts, um den steilen und stark ausgewaschenen Weg linker Hand zu umgehen.

Streng geschützter Alpensalamander

Durch lichten Mischwald geht es auf einem schmalen Bergpfad sanft am Graben entlang nach oben, mit Blick auf die steilen Felswände auf der anderen Seite der Schlucht. Danach folgt ein weiterer Anstieg auf das freie Gelände der Hölleialm. Diese liegt etwas oberhalb vom Weg versteckt, bietet aber wunderschöne Ausblicke auf die Berge und einen Teil des Sylvensteinspeichers. Zurück am Hauptpfad geht es weiter bergauf, wobei man wieder einmal ein kleines Rinnsal überquert, bevor es etwas steiler bergan geht. Wer die Augen offen hält, dem läuft vielleicht sogar einer der hier ansässigen Alpensalamander über den Weg. Nach einem kurzen, flachen Stück folgt eine Hangquerung, bevor es hinauf auf die Almwiesen der zur Saison bewirtschafteten Mitterhütte geht. Hier trifft man auf den von Osten kommenden Pfad von Stuben, hält sich aber nach links, um den bewaldeten, breiten Bergrücken anzugehen.

Gipfelkreuz

Dieses letzte Stück hat es noch einmal in sich. Doch wenn man aus dem Wald herauskommt, wird man der Mühen belohnt, da man sich dann bereits auf dem Gelände der Hochalm befindet. Von den ehemaligen Gebäuden sind allerdings nur noch ein paar Ruinenreste beiderseits des Weges zu finden. Steigt man den Wiesenrücken weiter an, sieht man bald das große Gipfelkreuz vor sich.

Frei laufendes Almvieh

Oben angekommen findet man sich nach ungefähr eineinhalb Stunden zwar auf keinem bemerkenswerten Gipfel, von dem einem die Welt zu Füßen liegen scheint. Doch der Ausblick von der breiten Wiesenkuppe der 1427 Meter hohen Hochalm ist dennoch einmalig, denn es offenbart sich ein wunderbares Panorama.

Im Norden schlängelt sich die wilde Isar in das Flachland Richtung München und links davon erstreckt sich der Gebirgszug vom lokalen Skigebiet Brauneck bis hin zur Benediktenwand. Wer

Von der baumfreien Graskuppe aus lassen sich zahlreiche Gipfel am Horizont identifizieren.

seinen Blick in die Ferne schweifen lässt, kann sogar die Zugspitze erkennen. Dreht man sich weiter gegen den Uhrzeigersinn, findet man im Südwesten das Karwendelgebirge, gefolgt vom östlich des Achensees liegenden Rofangebirges. Kneift man die Augen zusammen, kann man an Tagen mit guter Fernsicht sogar den Großglockner erkennen, und im Osten überragen die Zwillingsgipfel des Roß- und Buchstein alle anderen Berge.

Nachdem man die Aussicht gebührend gewürdigt hat, geht es auf dem gleichen, angenehmen und abwechslungsreichen Wegverlauf wieder zurück. Und nicht vergessen: müde Füße lassen sich ideal in den Gumpen des Gerstenrieder Grabens abkühlen.

INFO

Lage: 15 Kilometer südlich von Bad Tölz

Anfahrt: Von Bad Tölz aus folgt man der Bundesstraße B13 nach Süden, an Lenggries vorbei und immer an der Isar entlang, bis zum Sylvensteinspeicher. Über die Staumauer geht es nach links Richtung Achensee, wo man am Ende des Speichersees, circa 100 Meter nach der rechts gelegenen Fußgängerbrücke über die Walchenklamm, auf der linken Straßenseite einen kostenlosen Wanderparkplatz findet.

Öffnungszeiten: immer

Eintritt: nichts

Aktivitäten: Bergsteigen

Unterkünfte:

- Gästehaus Zum Sagschneider: idyllisch gelegener Ferienhof im Herzen des Isarwinkels; Doppelzimmer ab 84 EUR und Ferienwohnung ab 90 EUR; Leger 6, 83661 Lenggries, Tel.: 08042 8277, *zum-sagschneider.jimdo.com*
- Landerer Mühle: familiengeführtes Gästehaus im modernen Landhausstil mit angeschlossenem Café; Doppelzimmer ab 80 EUR und Ferienwohnung ab 79 EUR; Leger 2, 83661 Lenggries, Tel.: 08042 2485, *landerermuehle.de*

33. Aiplspitz, Benzingspitz und Jägerkamp: Gipfelrausch im Mangfallgebirge

Das Mangfallgebirge zählt zu den Hausbergen der Münchner, weswegen es hier besonders an den Wochenenden zu regelrechten Massen-Gipfelstürmen kommen kann. Während sich die Wanderer auf der Rotwand und dem Wendelstein gegenseitig fast zertreten, gibt es jedoch glücklicherweise noch vereinzelt Berge, bei denen man den Aufstieg und das Gipfelglück ohne viele Leute genießen kann.

Blick von der Aiplspitz Richtung Benzingspitz und Jägerkamp

Anfangspunkt für diese Tour ist der kleine Ort Aurach, von wo aus man in zwei bis drei Stunden den ersten Gipfel der Aiplspitz erreicht. Dabei sollten nur wirklich erfahrene, absolut trittsichere und schwindelfreie Bergsteiger, die auch gerne ein ordentliches Stück kraxeln, diese Route statt dem bekannteren Aufstieg vom Spitzing aus wählen. Denen allerdings verspricht diese abwechslungsreiche und spannende Tour Spaß pur.

Von Aurach aus folgt man der Benzingstraße vorbei an einer kleinen Kapelle ins Aurachtal hinein Richtung Berge. Dabei lässt sich in nicht zu weiter Ferne bereits die imposante Pyramide der felsigen Aiplspitz oberhalb des Benzingkessels erkennen. Anfangs geht es noch recht flach auf einem schattigen Forstweg dahin, doch schon bald wird der Weg steiler und wandelt sich nach einer breiten Bachüberquerung zu einem Steig, der sich in Serpentinen durch schönen Mischwald weiter aufwärts windet.

Kommt man nach ungefähr einer Stunde aus dem Wald heraus auf das Almgebiet der Benzingalm, sieht man nach wenigen Metern links oberhalb an einem Baum gelbe Wegweiser. Um sie lesen zu können, muss man passenderweise eh schon auf den scharf nach links abbiegenden Pfad, welcher einen zur Aiplspitz bringt. Durch Latschen geht es dann in zahlreichen Kehren hinauf zum Grat, wo man auf den Anstieg von Geitau aus trifft, der eine weitere, wenig begangene Aufstiegsalternative bietet.

Der Nordgrataufstieg auf die Aiplspitz ist nur für sehr erfahrene Bergsteiger.

Der nun beginnende Nordgrat ist die größte Herausforderung der Tour. Immer den roten Markierungen folgend geht es in steiles Gelände mit teilweise brüchigem Felsen, was höchste Konzentration erfordert. So schwer es auch fällt – man sollte sich nicht von der hier schon beeindruckenden Aussicht ablenken lassen. Tief und steil fällt das Gelände nämlich zu beiden Seiten ab,

Oberhalb der Schnittlauchmoosalm geht es zur Benzingspitz.

und immer wieder einmal braucht man seine Hände, um sicher voranzukommen. Umso mehr hat man sich dann nach diesem anstrengenden Kraxlvergnügen den Ausblick vom Gipfelkreuz auf 1759 Metern Höhe verdient, von dem aus man den nahen Wendelstein und viele weitere bekannte Berge identifizieren kann.

Da auf der Aiplspitz allerdings auch die Wanderer vom Spitzing eintreffen und es manchmal ein wenig wuselig sein kann, empfiehlt sich hier nur ein kurzer Aufenthalt. Besser man macht sich gleich auf zum nächsten Gipfel der Benzingspitz, der so gut versteckt liegt, dass die meisten an ihm vorbeilaufen. Um hierhin zu gelangen, steigt man den im Vergleich zum Aufstieg fast harmlos wirkenden Grat nach Südwesten hinab, der mit seinen schroffen Abbrüchen trotzdem nicht unterschätzt werden darf. Tritt man aus den Latschen heraus auf die Wiese oberhalb der Schnittlauchmoosalm, wählt man schon nach wenigen Metern den Pfad nach rechts, um entlang des Kamms weiter nach Westen zu wandern.

Hier heißt es nun Acht geben, um die nur zu erahnende Abzweigung zur Benzingspitz nicht zu verpassen. Nach einer kleinen Kreuzung mit vier gelben Wegschildern, von denen man jenem zum Jägerkamp folgt, verlässt man nach knappen 200 Metern den offiziellen Pfad nach rechts und wandert über die Almwiese nach oben. Durch eine kleine Schneise in den Latschen erreicht man so einen versteckten Weg. Dieser bringt einen nach wenigen Metern zum recht eingewachsenen Gipfelkreuz auf 1735 Metern. Zwar gibt es hier keinen Rundumblick zu genießen, aber die meist leere Rastbank mit einmaliger Sicht auf die Aiplspitz und dem zuvor bezwungenen Nordgrat ist dennoch ein absolutes Highlight.

Nach Genuss der mitgebrachten Brotzeit geht es durch Latschen hindurch nach Osten weiter auf den Hauptweg zum Jägerkamp mit seinen 1746 Metern. Bei Weitem nicht so einsam wie die Benzingspitz, bietet sich hier jedoch ein wunderbarer Blick auf den Schliersee, den man nicht verpassen sollte.

Blick über die Jägerbauernalm auf den Schliersee

Anschließend geht es abwärts entlang des Nordgrats und beim Verlassen des Latschenfelds oberhalb der Jägerbauernalm nach rechts. Zahlreiche kleine und steile Kehren führen dann hinab in den Kessel zur angekündigten Benzingalm, auf deren Wiesen sich zahlreiche

Aiplspitz-Gipfel

Murmeltiere angesiedelt haben. Von hier ist es nun nicht mehr weit, bis man auf den bekannten Aufstieg durch den Aurachgraben trifft, dem man wieder zum Ausgangspunkt zurück folgt.

Murmeltiere hört man oft pfeifen, bevor man sie sieht.

INFO

Lage: 20 Kilometer südöstlich von Miesbach

Anfahrt: Von Miesbach aus nimmt man die Bundesstraße B307 nach Süden, welche am Schliersee vorbei Richtung Bayrischzell führt. In der kleinen Ortschaft Aurach, fünf Kilometer nach dem See, biegt man nach rechts auf die Benzingstraße ab und parkt entlang dieser.

Öffnungszeiten: immer

Eintritt: nichts

Aktivitäten: Bergsteigen

Unterkünfte:

- Almbad & Lodge Sillberghaus: einzigartige Hütte mit Freiluftpool, die meist nur komplett an Hochzeits- oder Seminargäste vermietet wird, hin und wieder jedoch auch für einzelne Gäste die Türen öffnet; Doppelzimmer ab 99 EUR; Tiroler Straße 70, 83735 Bayrischzell, Tel.: 08023 533, *almbad.de/sillberghaus*
- Tannerhof: modernes, dorfähnliches Naturhotel um ein altes Bauernhaus herum angelegt am Rand von Bayrischzell; Doppelzimmer ab 230 EUR; Tannerhofstraße 32, 83735 Bayrischzell, Tel.: 08023 810, *natur-hotel-tannerhof.de*

Hinweis: An der Aiplspitz, insbesondere ihrem Nordgrat, sind absolute Trittsicherheit, Schwindelfreiheit und einfache Kletterfertigkeiten nötig.

34. Soinsee: Auf den Spuren von Bruno, dem Braunbären

Seen gibt es in Oberbayern zuhauf, doch kaum einer ist landschaftlich so spektakulär wie der Soinsee im Mangfallgebirge. Gleich ums Eck von der beliebten Rotwand finden jedoch überraschenderweise nur wenige Wanderer den Weg hierher. Dabei ist nicht nur das erfrischende Bad an heißen Sommertagen ein Genuss, sondern auch die Wanderung dorthin.

Der Soinsee

Als idealer Ausgangspunkt für diese Tour bietet sich der Ort Bayrischzell an, wo am Parkplatz Seeberg der Bayrischzeller Höhenweg beginnt. In schattigen Serpentinen folgt man diesem an der Bergflanke entlang hinauf, wobei sich ab und zu schöne Blicke übers Tal auf den mächtigen Wendelstein gegenüber ergeben.

Nach einer Stunde bergan erreicht man die wunderbar sonnig unterhalb des Seebergs liegende Neuhütte. Von ihrer flachen Wiesenmulde aus offenbart sich eine grandiose Sicht über das

Ursprungstal bis in die österreichischen Berge. Bei dem Blick verwundert es nicht, dass hier vor über 200 Jahren ein wichtiger militärischer Stützpunkt war, der die Bayrischzeller Bevölkerung vor dem Einfall Tiroler Gebirgsschützen warnte.

Im Soingraben

Weiter auf dem nun deutlich breiteren und leicht bergab führenden Forstweg gelangt man zur Klareralm, nach der man wenig später an einer Kreuzung links durch das Gatter geht und dem Höhenweg weiter folgt. Noch bevor man die Niederhofer-Alm erblickt, biegt ein schwach sichtbarer Pfad nach rechts ab und führt über die Almwiese in den Wald hinein und wieder steiler bergauf. Nach dem Treffen auf die Forststraße folgt man der Beschilderung zum Soinsee durch den Soingraben, wo es an malerischen Hütten und Almwiesen weiter nach oben geht,

Almidylle nahe der Klareralm

bis man nach insgesamt circa drei Stunden die traumhaft gelegene Ruchenkopfhütte erreicht.

Beim Überqueren des Steilenbachs

Quert man die Kuppe rechter Hand, breitet sich plötzlich unter einem der Soinsee in all seiner Pracht aus. Nun sind es nur noch wenige Schritte bergab bis zur wohlverdienten Erfrischung. Bei einer Tiefe von nur zehn Metern sollte man eigentlich meinen, er wäre bacherlwarm, doch aufgrund der Höhenlage von 1458 Metern muss man schon sehr verschwitzt oder der Tag sehr heiß sein, damit man sich ohne Zögern in die Fluten stürzt. Wer sich jedoch überwunden hat, der wird diese Erfrischung des mindestens fünf Monate im Jahr zugefrorenen Sees so schnell nicht vergessen. Wie in einem kitschigen Heimatfilm spiegeln sich die bei Kletterern beliebten Ruchenköpfe auf der meist spiegelglatten Wasseroberfläche, während Forellen um einen herum aus dem Wasser springen. Kuhglocken tönen aus der Ferne, und wer genau lauscht, der hört vielleicht sogar den Warnruf der auf den umliegenden Wiesen beheimateten Murmeltiere.

Ruchenkopfhütte kurz vor dem See

Die waren auch in hellem Aufruhr, als im Juni 2006 plötzlich nach 170 Jahren wieder ein Braunbär auf deutschem Gebiet hier unterwegs war. Der zweijährige Bruno, der aus Tirol eingewandert war, schien sich hier im Spitzinggebiet pudelwohl zu fühlen, fraß sich seinen Winterspeck an, und nahm sogar im Soinsee ein Bad. So furchteinflößend wie ihn manche fanden – einen zu großen Schneid schien er nicht zu haben. So wurde nämlich beobachtet, wie ihn in Formation stehende, neugierige Kühe einschüchterten. Nach nur wenigen Tagen fand sein sensationelles Dasein jedoch ein jähes Ende, als er auf einer Alm unterhalb des Rotwandhauses erschossen wurde.

Ostufer des Soinsees

Nach dem Erreichen des Soinsees bietet es sich an eine alternative Route zurück zu nehmen. Dazu folgt man der steilen Forststraße im Nordosten des Sees bergab, und biegt 200 Meter vor dem Eintauchen in den Wald auf einen nur schwach sichtbaren Pfad nach rechts ab. Dieser führt über die Almwiese und dann als schmaler Steig durch den Wald. An seinem Ende geht es noch einmal nach rechts und gleich darauf quert man von Stein zu Stein springend den Steilenbach. An der bereits bekannten Kreuzung unweit der Klareralm geht es anschließend wieder rechts durchs Gatter, und wer noch eine kleine, letzte Einkehrmöglichkeit sucht, wird bei der Niederhofer-Alm fündig. Unterhalb des von hier sichtbaren Wegkreuzes führt anschließend ein meist schmaler Pfad entlang des Wackbachs ins Ursprungtal und zurück zum Parkplatz in Bayrischzell.

Wildblumen am Wegesrand

INFO

Lage: 20 Kilometer südöstlich von Miesbach

Anfahrt: Von Miesbach aus nimmt man die Bundesstraße B307 nach Süden, welche am Schliersee vorbei nach 20 Kilometern den Ort Bayrischzell erreicht. Direkt nach dem Ortseingangsschild biegt man nach rechts auf die Seebergstraße ab, und findet 50 m weiter leicht erhöht den kostenpflichtigen Parkplatz Seeberg.

Öffnungszeiten: immer

Eintritt: nichts

Aktivitäten: Bergsteigen, Baden

Unterkünfte:

- Almbad & Lodge Sillberghaus: einzigartige Hütte mit Freiluftpool, die meist nur komplett an Hochzeits- oder Seminargäste vermietet wird, hin und wieder jedoch auch für einzelne Gäste die Türen öffnet; Doppelzimmer ab 99 EUR; Tiroler Straße 70, 83735 Bayrischzell, Tel.: 08023 533, *almbad.de/sillberghaus*
- Tannerhof: modernes, dorfähnliches Naturhotel um ein altes Bauernhaus herum angelegt am Rand von Bayrischzell; Doppelzimmer ab 230 EUR; Tannerhofstraße 32, 83735 Bayrischzell, Tel.: 08023 810, *natur-hotel-tannerhof.de*

35. Lacherspitze, Seewandköpfl, Wildalpjoch und Käserwand: Vier Gipfel auf einen Streich

Im Schatten des allseits bekannten Wendelsteins finden sich gleich vier Berge, die nicht minder schön sind wie der populäre Nachbar, aber nur einen Bruchteil an Besuchern haben. Idealerweise lassen sie sich auf einer wunderbaren Tour miteinander verbinden, auf der man vor lauter fantastischer Panoramaaussichten garantiert nicht bereut ein paar Höhenmeter niedriger unterwegs zu sein.

Ausgangspunkt für diese recht exponierte Tour, die sich deshalb besonders für Frühaufsteher oder frühsommerliche beziehungsweise herbstliche Touren eignet, ist der Wanderparkplatz kurz nach dem Pass am Unteren Sudelfeld. Von hier aus geht es der Beschilderung zum Wildalpjoch folgend über Wiesen leicht ansteigend nach Nordwesten. Nach etwa einer Viertelstunde trifft man auf eine schmale Teerstraße, der man nur wenige Meter nach links folgt, um sie bei einer Alm auf einen anfangs kaum sichtbaren Pfad am Hang rechter Hand zu verlassen. Diese Abkürzung bringt einen an zwei kleinen Hütten mit genialer Aussicht vorbei höher und höher, bis man die Asphaltstraße bei den Lacheralmen wieder trifft. Diesen Punkt sollte man sich merken, um ihn beim Rückweg nicht zu verpassen.

Käserwand

Auf der Straße geht es nun nach rechts weiter, bis man nach wenigen Hundert Metern zu einem Wendeplatz gelangt. Von dort aus folgt man dem Wegweiser zum Wendelstein (durchs Lacherkar)

Panoramablick beim Aufstieg über die Lacheralmen

nach links. In zahlreichen Kehren führt fortan ein steiler Steig nach oben. Wo er auf einen nicht beschilderten Querweg trifft, hält man sich nach links und erreicht so kurz später einen großen Wiesenhang. Diesen steigt man bergauf und kommt zu einem Kamm, von dem aus sich bereits ein grandioses Panorama auf den Wendelstein, das Inntal und das Sudelfeldgebiet ergibt.

Eigentlich müsste man nun gar keinen Gipfel mehr erklimmen, um auf seine Kosten zu kommen. Da man aber eh schon einmal hier ist, lohnt sich ein erster Abstecher auf die nur wenige Meter ent-

Seewandköpfl und Wildalpjoch

fernte Lacherspitze. Dafür wendet man sich vor der Bergstation eines Schlepplifts nach links und wandert in eine Latschengasse hinein. Knapp unter dem Gipfelkreuz wartet dann noch eine kleine, leichte Kraxelei über einfachen Felsen, bevor man den Rundumblick von 1724 Metern genießen kann.

Vor lauter Gipfelrausch sollte man jedoch nicht vergessen, dass noch drei weitere Berge auf einen warten. Um diese zu erklimmen, wandert man zurück zur Bergstation und dann leicht rechts weiter entlang des Kammes durch ein Latschenfeld. Wo dieses durch das

feine Geröll unterhalb der Seewand unterbrochen wird, können sich kraxelfreudige Wanderer links an den Latschen entlang nach oben vorarbeiten und werden mit einem meist einsamen Gipfel auf 1663 Metern belohnt. Allerdings sollte man sich dabei nicht überschätzen und im Hinterkopf behalten, dass man auf demselben Weg wieder hinab muss.

Auf dem Hauptweg unterhalb des Gerölls zurück geht es nach links über einen kleinen Vorgipfel weiter aufs Wildalpjoch. Vier Meter niedriger als die Lacherspitze, bietet es einen wunderbaren Blick auf das Chiemgau und offenbart einen ersten Blick auf den vierten und letzten Gipfel dieser Tour, die Käserwand.

Um zu ihr zu gelangen, wandert man leicht unterhalb des Kamms entlang, bis man auf eine kleine Gruppe Bäume trifft. Hinter dieser versteckt findet man meist Kletterer, die an einer steilen Felswand ihr Können testen. Einfacher und schneller erklimmt man den Gipfel auf 1683 Metern allerdings, indem man sich links der Kletterwand hält. Nur ganz zum Schluss gibt es eine kleine verzwickte Stelle, wo es links und rechts steil bergab geht und man seine Hände zur Hilfe nehmen sollte. Dafür erwartet einen dann ein letzter traumhafter Ausblick über das Inntal und die finale Chance seine mitgebrachte Gipfelbrotzeit mit Aussicht zu genießen.

Zurück geht es anfangs wieder auf dem Pfad zum Wildalpjoch. Doch bereits wenige Meter, nachdem man den kleinen Wald zu Füßen der Käserwand verlassen hat, biegt man auf den Wiesenpfad nach links ab, der einen über den Hang talwärts bringt. Unterhalb einer kleinen Hütte führt er zum Wendeplatz bei den Lacheralmen, von wo aus es auf bekannten Wegen zurück zum Parkplatz geht.

INFO

Lage: 20 Kilometer südöstlich von Miesbach

Anfahrt: Von Miesbach aus nimmt man die Bundesstraße B307 nach Süden, welche am Schliersee vorbei nach zwölf Kilometern nach Bayrischzell führt. Dort umrundet man den Dorfkern in einer weiten Linkskurve und gewinnt auf der steilen und kurvigen Straße schnell an Höhe. 600 Meter nach dem offiziellen Pass findet sich links ein großer, kostenloser Wanderparkplatz.

Öffnungszeiten: immer

Eintritt: nichts

Aktivitäten: Bergsteigen

Unterkünfte:

- Almbad & Lodge Sillberghaus: einzigartige Hütte mit Freiluftpool, die meist nur komplett an Hochzeits- oder Seminargäste vermietet wird, hin und wieder jedoch auch für einzelne Gäste die Türen öffnet; Doppelzimmer ab 99 EUR; Tiroler Straße 70, 83735 Bayrischzell, Tel.: 08023 533, *almbad.de/sillberghaus*
- Tannerhof: modernes, dorfähnliches Naturhotel um ein altes Bauernhaus herum angelegt am Rand von Bayrischzell; Doppelzimmer ab 230 EUR; Tannerhofstraße 32, 83735 Bayrischzell, Tel.: 08023 810, *natur-hotel-tannerhof.de*

Chiemgau und Inntal

Blick auf den Saurüsselkopf

Chiemgau und Inntal

36. Haager Land: Zu Besuch bei den stummen Zeugen der letzten Eiszeit
37. Salzach: Grenzenloser Paddelspaß zwischen Deutschland und Österreich
38. Eggstätt-Hemhofer Seenplatte: Einmalige Wasserwelt zu Füßen der Alpen
39. Alz: Paddelspaß für jedermann
40. Schönramer Filz: Mooriges Herz des Rupertiwinkels
41. Jenbachtal: Wildes Wasser in sanfter Umgebung
42. Gießenbachklamm: Gemütliches Schluchtenabenteuer für die ganze Familie
43. Weitsee, Mittersee und Lödensee: Idyllisches Seen-Trio
44. Saurüsselkopf: Der bayerische Schlangenberg

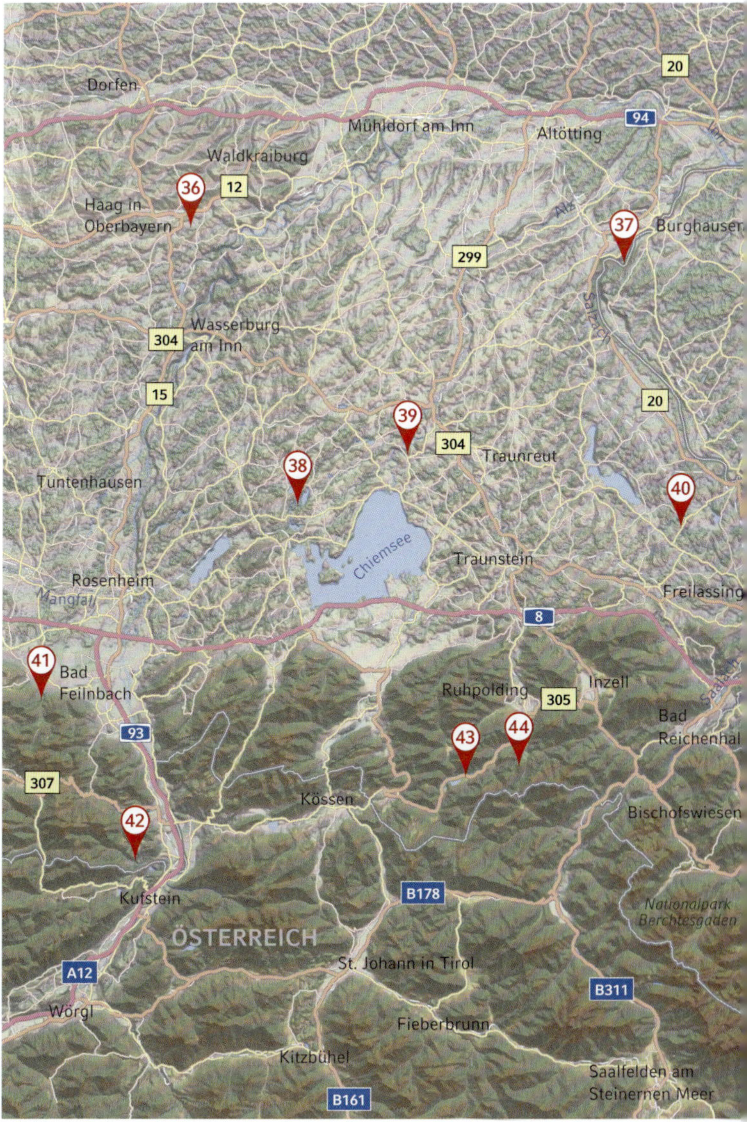
20
Dorfen
94
Mühldorf am Inn
Altötting
Inn
Waldkraiburg
36
12
Haag in Oberbayern
Alz
37
Burghausen
299
Salzach
Wasserburg am Inn
304
15
20
39
304
Traunreut
38
40
Tuntenhausen
Chiemsee
Traunstein
Rosenheim
Mangfall
Freilassing
8
41
Bad Feilnbach
Inzell
Ruhpolding
305
Saalach
Bad Reichenhall
93
43
44
307
Kössen
Bischofswiesen
42
B178
Nationalpark Berchtesgaden
Kufstein
ÖSTERREICH
A12
St. Johann in Tirol
B311
Wörgl
Fieberbrunn
Kitzbühel
Saalfelden am Steinernen Meer
B161

36. HAAGER LAND: ZU BESUCH BEI DEN STUMMEN ZEUGEN DER LETZTEN EISZEIT

Zugegeben, die Highlights dieser Wanderung hören sich erst einmal ziemlich düster an: Toteiskessel. Dabei ist ein Ausflug zu diesen geologischen Phänomenen eine durchaus heitere Angelegenheit. Durch wunderbare Kulturlandschaft geht es auf teilweise unbefestigten Wald- und Wiesenwegen zu vielen kleinen Biotopen, von denen jedes ein bisschen anders ist und allerhand zu entdecken bietet.

Es ist heute kaum mehr vorstellbar, doch bis vor circa 10.000 Jahren war Oberbayern von riesigen Gletschern überzogen, die sich von den Alpen bis weit ins Alpenvorland erstreckten. Als die sogenannte Würm-Eiszeit endete und sich das Klima erwärmte, lösten sich mächtige Eisblöcke von den Gletscherzungen. Diese sind auch als Toteis bekannt und wurden vom Schmelzwasser mit Schotter bedeckt, der isolierte. So dauerte es teilweise Jahrhunderte, bis das Eis schmolz, und dabei hinterließ es Kessel, die heute mal trocken, mal moorig oder auch noch immer komplett mit Wasser gefüllt sind.

Mit Wasser gefüllter Kessel im Wald

Im Haager Land gibt es entlang einer vom Inngletscher aufgeschütteten Endmoräne eine reiche Anzahl dieser Toteiskessel. In ihnen herrscht ein besonderes Mikroklima, wodurch sie zu Rückzugsorten für teilweise seltene Tier- und Pflanzenarten wurden und mittlerweile zum Teil unter Naturschutz stehen. Der ausgewiesene Toteiskesselweg im Osten vom Markt Haag führt zu 16 dieser besonderen Biotope, von denen jedes seinen eigenen Charakter hat.

Auf dem Toteiskesselweg

Beginn der Tour ist Grandl's Hofcafé, wo am Parkplatz eine Schautafel mit Faltplänen inklusive Kartenmaterial steht. Dank dieser Karten und einer guten Beschilderung lassen sich alle Toteiskessel leicht finden. Sie sind außerdem mit auffälligen Findlingen markiert und anhand von Nummern leicht zu identifizieren. Schon nach wenigen Metern erreicht man den Ersten, der ein seltenes Exemplar in der buckeligen Wiesenlandschaft darstellt. Die meisten in solch einer Lage wurden nämlich im Laufe der Zeit aufgefüllt.

Toteiskessel bei Maxau

Der Weg führt anschließend bei Lerchenberg nach links und unter der Bundesstraße hindurch in den Wald. Innerhalb kürzester Zeit kommt man an fünf Toteislöchern vorbei, von denen manche ein paar Meter abseits des Hauptweges liegen. Schon bald hat man die Qual der Wahl, ob man die Höhenberger Route oder die Limberger Route wählt. Beide sind vom Ausgangspunkt aus insgesamt um die

Sumpfblutauge

sieben Kilometer lang und in jeweils gut zwei Stunden machbar. Wer etwas Zeit mitbringt kann sie auch einfach kombinieren. Hierfür bietet es sich an die Höhenberger Schlaufe zuerst zu wandern und nach dem Toteisloch Nummer 8 die Limberger Route mit noch vier weiteren Kesseln anzuschließen.

Egal, für welche Variante man sich entscheidet – beeindruckende Toteislöcher findet man bei beiden. Besonders interessant ist es dabei auch die verschiedenen Verlandungsstadien zu beobachten, die von Weihern über Moore bis hin zu Sumpfwiesen und komplett trockenen Mulden reichen. Zur typischsten Pflanzenart in und um die Kessel herum zählen wohl Sauergräser, und manchmal finden sich auch so Besonderheiten wie Torfmoos, Wollgras,

Wollgras

Schwarzerle und Heidekraut. Kein Wunder, dass solch eine reiche Flora auch Libellen, Molche und anderes Getier anlockt.

Vor lauter Fokus auf die Toteislöcher sollte man jedoch nicht vergessen einen Blick auf die Landschaft um einen herum zu werfen. Ein herrliches Bergpanorama ergibt sich beispielsweise vom Kamm des Moränenhügels bei Kessel Nummer 5 am Höhenbergerhof. Beim Toteisloch 10 lässt sich eindrucksvoll die Endmoräne mit einem steilen Toteistrichter erkennen, und wer nach Kessel 12 noch bis zur Hauptstraße im Osten weiter wandert, bekommt einen schönen Panoramablick auf das interessante Relief des Moränenzugs.

INFO

Lage: zehn Kilometer nördlich von Wasserburg

Anfahrt: Von Wasserburg aus folgt man der Münchner Straße ortsauswärts bis ans Ende und biegt dann auf die Bundesstraße B15 nach rechts Richtung Haag. Nach zehn Kilometern nimmt man am Kreisverkehr die erste Ausfahrt, um auf der B15 zu bleiben. Nach weiteren drei Kilometern verlässt man einen weiteren Kreisverkehr an der dritten Ausfahrt und fährt nach 150 Metern von der Hauptstraße ab, um links zum Parkplatz hinter „Grandl's Hofcafé" zu gelangen.

Öffnungszeiten: immer

Eintritt: nichts

Aktivitäten: Wandern

Unterkünfte:

- Schloss Amerang: übernachten in einem privaten, jahrhundertealten Schloss, in dem regelmäßig auch Konzerte stattfinden; Doppelzimmer ab 195 EUR und Suiten ab 240 EUR; Schloss 1, 83123 Amerang, Tel.: 08075 919220, *schlossamerang.de*
- Villa Silence: modern eingerichtetes Haus mit Blick ins Grüne; Doppelzimmer ab 99 EUR; Martin-Greckl-Straße 1, 85656 Buch am Buchrain, Tel.: 08124 907700, *villasilence.de*

37. SALZACH: GRENZENLOSER PADDELSPASS ZWISCHEN DEUTSCHLAND UND ÖSTERREICH

Natur pur gewürzt mit einer Prise historischer Prachtbauten gibt es auf einer Bootstour auf der Salzach zwischen Tittmoning und Burghausen zu genießen. Dabei muss man nicht einmal viel paddeln, denn der „Gletscherexpress" zieht einen sanft, aber flott immer entlang der Grenze zwischen Oberbayern und Oberösterreich.

Die Salzach ist der längste und wasserreichste Zufluss des Inns und entspringt in den Kitzbüheler Alpen auf einer Höhe von 2300 Metern. Kein Wunder also, dass die Wassertemperatur selbst im Hochsommer kaum 15 Grad erreicht. Ihren Namen verdankt sie der Salzschifffahrt, die auf ihr bis ins 19. Jahrhundert stattfand. Dabei wurde das „weiße Gold" auf kiellosen und kastenförmigen Salzkähnen – sogenannten Plätten – aus den Salinen im österreichischen Hallein nach Burghausen transportiert.

Entspannt geht es mit der Salzach-Strömung flussabwärts.

Die zwei- bis dreistündige Tour ist ideal zum Entspannen, da es nur wenige Stellen mit leichten Stromschnellen und keine Wehre gibt. Die Strömung ist jedoch nicht ohne, weshalb man die 16 Kilometer auch in so kurzer Zeit absolviert. Erfahrene Paddler können sich mit ihrem eigenen Boot auf die Salzach begeben, doch auch Anfänger kommen auf geführten Touren auf ihre Kosten.

Die Einstiegsstelle befindet sich in Tittmoning flussabwärts der Plätten-Anlegestelle. Sobald man das gut versteckte, kleine Städt-

Paddeln auf der Salzach bei Burghausen

chen mit seiner jahrhundertealten Burg hinter sich lässt, taucht man in die Salzachauen ein. Hier säumen dichte Bäume beidseitig den Fluss und lassen einen in die tiefe Ruhe dieser ursprünglichen Landschaft eintauchen.

Wild und urwüchsig erscheint die Szenerie um einen herum, und es verwundert nicht, dass sich auch der Biber hier wohlfühlt. Aufgrund der starken Strömung bevorzugt er allerdings Altwasserarme, die immer wieder auf bayerischer und österreichischer Seite auftauchen. Nach circa fünf Kilometern passiert man solch einen rechter Hand, der das Ende der Auen und den Beginn der Nonnreiter Enge markiert. Hier beginnt die Salzach eine weite Rechtskurve und durchbricht einen großen Moränenwall, was die Landschaft noch reizvoller werden lässt.

Der Fluss wird kurviger, und hinter jeder Flusskurve ergeben sich neue Blickwinkel und Aussichten. Nicht lange nach dem kleinen Dorf Unterhadermark linker Hand passiert man eine der historischen Perlen entlang des Weges: das ehemalige Zisterzienserkloster Raitenhaslach. Wer bisher noch keine Pause mit mitgebrachter Brotzeit gemacht hat, kann hier zum Beispiel im Klostergasthof einkehren.

Die alte Herzogstadt Burghausen

Eineinhalb Kilometer später thront die Wallfahrtskirche St. Mariä zu Marienberg hoch oben auf dem Steilhang, wobei sie sich am besten zeigt, wenn man schon an ihr vorbei ist und einen Blick zurückwirft. Hier gibt es mit dem gemütlichen Biergarten der Gaststätte Tiefenau noch einmal eine typisch bayerische Einkehrmöglichkeit direkt am Fluss.

Ein absolutes Highlight findet sich am Ende der Tour bei Burghausen. Schon von Weitem sieht man die mächtige Burg oberhalb der bis ans Wasser reichenden, denkmalgeschützten Altstadt thronen. Je näher man kommt, desto gigantischer scheinen ihre Ausmaße zu werden. Tatsächlich ist sie mit einer Länge von 1051 Metern die längste Burganlage Europas und hat es sogar ins Guinessbuch der Rekorde geschafft. Wenn das nicht Grund genug ist, knapp 200 Meter nach der zweiten Brücke an der Plätten-Anlegestelle beim Gymnasium linker Hand die zu Tour zu beenden und anschließend die Festung sowie die historischen und bunten Gassen zu erkunden …

INFO

Lage: direkt südlich von Burghausen

Anfahrt: Vom Burghausener Zentrum aus fährt man über die Bundesstraße B20 nach Südwesten Richtung Tittmoning. Knapp sechs Kilometer später biegt man an der T-Kreuzung nach links ab und erreicht nach neun Kilometern Tittmoning.

Hier nimmt man im Ort kurz vor dem Durchfahren des Westturms die nach links abbiegende Straße Gerberberg für 150 Meter und verlässt sie dann nach rechts, um zum großen Parkplatz hinterm Damm an der Straße Wasservorstadt zu gelangen. Von dort sind es nur noch 250 Meter zu Fuß, um die Einstiegsstelle unterhalb der Salzachbrücke zu erreichen.

Öffnungszeiten: immer

Eintritt: nichts

Aktivitäten: Paddeln

- AlpIN&OUTdoor: bietet geführte Touren auf der Salzach zwischen Tittmoning und Burghausen auf (Big) Stand-up Paddelboards (2-8 Personen), Doppel-Kanadiern und (für erfahrene Paddler) Einer-Kajaks an; Treffpunkt und Tourbeginn auf Anfrage von März bis Oktober; Schuhe, die nass werden dürfen, sind selbst mitzubringen; 60 EUR p. P. (Schwimmer ab 12 J.) inkl. Ausrüstung; Ötzstraße 5a, 83730 Elbach, Tel.: 0179 5228690, *alpinundoutdoor.de*

Unterkünfte:

- Burgblick-Camping: idyllischer, kleiner Campingplatz unter Obstbäumen am österreichischen Salzachufer mit Blick auf die Burg von Burghausen; 10 EUR p. P. und Auto pro Nacht; Wanghausen 1a, 5122 Hochburg-Ach, Tel: +43 676 821250489, *schaf.hirte@gmx.at*
- Hotel Burgblick: modernes Hotel mit Blick auf die Burghausener Burg von der österreichischen Salzachseite aus; Doppelzimmer ab 119 EUR; Ach 31, 5122 Ach (Österreich), Tel.: 08677 9650, *altstadthotels.net*

Hinweise: Bei Hochwasser kann die Salzach sehr gefährlich werden (hohe Fließgeschwindigkeit, verstecktes Treibholz, etc.), deshalb sollte man insbesondere vor einer Tour im Frühling zur Schneeschmelze Infos zur Sicherheit einholen. Schwimmweste und am besten auch ein Neoprenanzug sollte zur Standardausstattung gehören. Nie flussaufwärts einer Plätte ein- oder aussteigen, um nicht von der Strömung unter den Kahn gedrückt zu werden!

38. Eggstätt-Hemhofer Seenplatte: Einmalige Wasserwelt zu Füssen der Alpen

Jeder Bayernurlauber kennt den Chiemsee. Doch nur wenige wissen, dass sich unweit des beliebten Bayerischen Meeres ein landschaftliches Kleinod befindet, das mindestens genauso schön ist. Eine einzigartige Pflanzen- und Tierwelt hat sich hier in einer zauberhaften Seenlandschaft angesiedelt, in der man dank ihrer Unbekanntheit weit abseits vom Trubel unterwegs ist.

Die Eggstätter-Hemhofer Seenplatte besteht aus einer Gruppe von 18 Einzelseen im Nordwesten des Chiemsees. Sie sind ein Relikt aus der Eiszeit, als die großen Gletscher sich zurückzogen und gigantische Eisblöcke unter Geröll und Stein hinterließen. Diese schmolzen nur langsam ab und formten sogenannte Toteiskessel, die sich mit Wasser füllten. Bereits 1939 wurde die Seenplatte als

Hartsee

offizielles Naturschutzgebiet deklariert, weshalb die Zeit hier wahrhaft stehengeblieben zu sein scheint. Keine intensive Düngung, kein Moorabbau oder andere zerstörerische Eingriffe haben hier stattgefunden. Motorboote sind verboten, und Baden ist nur an ausgewiesenen Stellen am Langbürgner See, am Pelhamer See und am Hartsee erlaubt.

Langbürgner See

Aufgrund dieser Maßnahmen blieb hier ein wertvolles Geotop bestehen, in dem viele bedrohte Tiere und Pflanze leben. Der laute Vogelgesang ist oft das Erste was Besuchern auffällt, doch wer genauer hinsieht, entdeckt auch kleinere und leisere Vertreter wie die vom Aussterben bedrohte Zierliche Moosjungfer. Sie ist eine von ungefähr 50 Libellenarten, die sich hier angesiedelt haben und welche 80 Prozent der in Europa vorkommenden Arten abdecken. In dem Idyll aus großen Seen, kleinen Tümpeln, stehendem und fließendem Gewässer, dichten Schilfgürteln und mageren Streuwiesen sowie feuchten Mooren und bunten Mischwälder fühlen sich außerdem auch Braun- und Blaukehlchen, Kreuzottern, Ringelnattern und verschiedenste Schmetterlinge wie die selten gewordenen Ameisenbläulinge oder die Hochmoor-Perlmuttfalter wohl.

Idealer Ausgangspunkt, um das dichte Wegenetz durch die Seenplatte zu Fuß oder per Rad zu erkunden, ist der Wanderparkplatz östlich von Schloss Hartmannsberg. Von hier aus ist man nur einen Sprung über die Straße vom Langbürgner See entfernt, doch wer tiefer in das Naturschutzgebiet eintauchen und gleich mehrere Seen besuchen möchte, sollte sich eher nach Norden halten. Am besten macht man sich ein Foto von der Übersichtskarte am Parkplatz, um sich unterwegs orientieren zu können.

Schloss Hartmannsberg

Eine beispielhafte Wanderung Richtung Norden führt an zwei kleinen Tümpeln im hohen Gras vorbei zum Kesselsee, welcher wildromantisch und still im Wald liegt und einige wunderbar sonnige Plätze am Ufer zum Ausruhen bietet. Wenig später trifft man auf eine alte Römerstraße, die von Günzburg nach Salzburg führte und heute als „Via Julia" bezeichnet wird. Den wildromantischen Einbessee kann man links oder rechts umrunden und über eine kleine Brücke über das Verbindungsgewässer zwischen Kautsee und Hartsee gelangen. 700 Meter weiter bietet sich nach einer starken Linkskurve ein interessanter Abstecher über die urige Achen an – der natürlichen Verbindung zwischen Pelhamer See und Hartsee.

Kesselsee

Zurück auf dem Forstweg geht es nach Westen, bis sich der Wald lichtet und grüne Wiesen sich rechter Hand ausbreiten. Hier wandert man am Waldrand entlang bis zur Straße, der man wenige Meter folgt, bis man bei einem kleinen Parkplatz nach links wieder in den Wald einbiegt und der Beschilderung nach Stephanskirchen folgt. Immer weiter nach Süden zwischen dem

Dorf und dem Schloßsee geht es nach Hemhof, das nur noch einen Katzensprung vom Schloss Hartmannsberg entfernt ist. Dieses hat einen öffentlich zugänglichen Park, der einen letzten Blick über einen der Seen bietet, bevor man auf den Parkplatz nebenan zum Ausgangspunkt zurückkommt.

INFO

Lage: fünf Kilometer nördlich von Prien am Chiemsee

Anfahrt: Von Prien aus nimmt man die nach Norden führende Straße nach Rimsting und biegt nach drei Kilometern im Kreisverkehr im Ort nach rechts ab. Die Bahnhofstraße verlässt man 100 Meter nach Überquerung der Bahnbrücke nach links und folgt dem Straßenverlauf nach Nordosten etwa drei Kilometer bis zum großen Kreisverkehr. Hier nimmt man die dritte Ausfahrt und fährt knappe zwei Kilometer bis zum Wanderparkplatz 100 Meter vor Schloss Hartmannsberg auf der rechten Seite.

Öffnungszeiten: immer

Eintritt: nichts

Aktivitäten: Wandern, Radfahren, Baden

Unterkünfte:

- Lebensart am See: moderne Ferienwohnungen direkt am Pelhamer See; Ferienwohnung ab 110 EUR (mind. vier Nächte); Pelham 8, 83093 Bad Endorf, Tel.: 08053 7999303, *lebensart-am-see.com*
- Wolfeicherhof: Ferien auf dem Bauernhof in familiärer Atmosphäre am Rande der Seenplatte; Ferienwohnung ab 75 EUR; Oberulsham 3, 83125 Eggstätt, Tel.: 08056 414, *wolfeicherhof.de*

Hinweise: Bei hohem Wasserstand können Pfade vereinzelt überschwemmt sein und müssen umgangen werden. Ansonsten ist auf den Wegen zu bleiben, nur an ausgewiesenen Stellen zu baden und schonend mit der Uferzone umzugehen, um die Flora und Fauna nicht zu stören bzw. zu beschädigen.

39. ALZ: PADDELSPASS FÜR JEDERMANN

Ruhig und entspannt oder wilder und aufregend – der Fluss Alz bietet etwas für jedes Gemüt und Können. Der Abfluss des Chiemsees schlängelt sich durch die malerische Landschaft des Alpenvorlands und bietet auf den ersten 16 Kilometern eine der tollsten Paddeltouren Bayerns.

Hobbykapitäne auf der Alz

Mit Blick auf das Bayerische Meer und dutzende Segelboote beginnt die Bootstour auf der Alz. Dabei geht es die ersten 6,5 Kilometer von Seebruck bis nach Truchtlaching so gemütlich dahin, dass man manchmal zum Paddel greifen muss, um überhaupt nennenswert vorwärts zu kommen. Doch Stress ist hier eh fehl am Platz. Zwar ist es mittlerweile an den Wochenenden und in den Sommerferien recht belebt, doch unter der Woche ist man oft noch allein auf dem Wasser unterwegs.

Tiefenentspannt treibt man durch eine sanfte Graslandschaft wie aus dem Bilderbuch, mit Blick auf in der Ferne liegende Berge. Kaum eine Bebauung stört die Szenerie, das klare Nass lädt ein zum regelmäßigen Bad, und im Schilf lassen sich Vögel entdecken.

Wer nach ungefähr eineinhalb Stunden den ersten Ausstieg in Truchtlaching vor der Brücke verpasst, wird spätestens dann aus seinen friedlichen Träumen gerissen, wenn er zum Opfer des Lieblingsspiels der einheimischen Kinder wird. Da hilft auch kein bayerischer Dialekt – wen man nicht kennt, der wird beim „Preißn versenken" nass gespritzt. Dabei stürzt sich der Dorfnachwuchs mit einem möglichst großen Platscher von der Brücke direkt neben das Boot. Nur gut, dass man im Biergarten vom Neuwirt am südlichen Flussufer hervorragend bei einer warmen Mahlzeit trocknen kann.

Wer abenteuerlustiger ist und viel Erfahrung im Paddeln hat, sollte sich nicht den zweiten Abschnitt von Truchtlaching bis kurz vor Altenmarkt entgehen lassen, der noch einmal gute zwei Stunden in Anspruch nimmt. Wenige Hundert Meter nach der Truchtlachinger Brücke führt eine Bootsrutsche eine Ebene tiefer, und man fühlt sich plötzlich, als wäre man in der kanadischen Wildnis gelandet. Links und rechts vom Fluss säumen hohe Bäume das Ufer, das Wasser ist seichter und fließt schneller über den steinigen Untergrund, und herabhängende Äste und vereinzelte Felsen erfordern das absolute Beherrschen des Bootes. Gut einen Kilometer hinter der Insel bei Poing erreicht man das niedrige Hölltalwehr, welches rechts umgangen werden muss. Die übernächste Insel sollte entsprechend der Beschilderung rechts umfahren werden, und nur in Ausnahmefällen wie extremem Niedrigwasser empfiehlt sich die gefährlichere linke Fahrrinne.

Das Hölltalwehr muss umtragen werden.

Bei Kilometer 13,5 kommt man an der Alzfähre vorbei, die seit 1915 offiziell mit einem Drahtseil die beiden Flussseiten verbindet. Ursprünglich für die Kirchgänger der Gegend ins Leben gerufen, sind es heute vor allem Wanderer und Radfahrer, die den Service nutzen. Betrieben wird die Fähre vom Roiter, dem 100 Meter hinterm Auwald versteckt liegenden Gasthaus, welches über eine simple Seilvorrichtung und eine Glocke über Gäste auf der anderen Flussseite informiert wird. Wer an dieser Stelle schon ausgepowert genug ist, kann direkt hinter der Fähre anlanden und beim Roiter einkehren, während das Boot trocknet. Oder man fährt noch zweieinhalb Kilometer weiter und steigt vor dem Laufenauer Wehr links aus. Zwar gibt es hier keine Gaststätte, doch immerhin unterhält die Seilschwinge am gegenüberliegenden Ufer die Kinder ideal, während die Erwachsenen zusammenpacken.

Manchmal reichen die Kuhweiden bis an den Fluss.

INFO

Lage: 15 Kilometer nordwestlich von Traunstein

Anfahrt: Die Einstiegsstelle in Seebruck im Norden des Chiemsees liegt nordöstlich der Alzbrücke, nur wenige Meter vom gebührenpflichtigen Parkplatz an der Haushoferstraße. Die Truchtlachinger Ausstiegsstelle erreicht man, indem man von Seebruck aus die Traunsteiner Straße nach Osten nimmt und nach einem Kilometer beim Campingplatz nach links auf die Trostberger Straße abbiegt. Dem Straßenverlauf folgend erreicht man nach vier Kilometern die Kirche von Truchtlaching, an der man links abzweigt, um zum kostenpflichtigen Parkplatz mit Wasserzugang gleich links nach der Alzbrücke zu gelangen. Um zur Ausstiegsstelle bei Altenmarkt zu kommen, bleibt man auf der Straße und biegt nach knappen zwei Kilometern gleich nach dem kleinen Wald rechts ab. Nach weiteren zwei Kilometern fährt man nach rechts für eineinhalb Kilometer auf die Hauptstraße. Anschließend biegt man erst auf die Thalhamer Straße ein, bevor es nach 300 Metern rechts auf den nicht geteerten Brunnenholzweg geht, der einen zur Parkplatzwiese an der Alz oberhalb des Wehrs bringt.

Öffnungszeiten: vom 1. Juli bis 31. Oktober (aus Naturschutzgründen)

Eintritt: nichts

Aktivitäten: Paddeln, Baden

- Chiemsee Kaufmann: vermietet Paddelboote für den ersten Alzabschnitt und bietet Leihräder für den Rückweg an; von Juli bis Mitte September täglich ab 9 Uhr und anschließend bis Mitte Oktober ab 13 Uhr geöffnet; 1er/2er Kajak 25/38 EUR und Canadier 42 EUR; Haushoferstraße 1, 83358 Seebruck, Tel.: 08051 7777, *chiemsee-kaufmann.de*

Unterkünfte:

- Karlshof: familiärer Ferienhof in herrlich ruhiger Lage mit Damwild und Kleintieren sowie eigenem Alzzugang; Doppelzimmer ab 70 EUR; Pullach 16, 83358 Seebruck, Tel.: 08667 406, *karlshof-niedermaier.de*
- Wandergaul: fünf moderne Holzhütten um einen Weiher herum arrangiert, für Naturfreunde mit oder ohne eigenem mitgebrachtem Pferd; Tipi (2-4 Personen) ab 15 EUR p. P. und Hütte ab 80 EUR (mind. zwei Nächte); Pattenhamer Straße 13a, 83376 Truchtlaching, Tel.: 08667 876777, *wandergaul.de*

Hinweise: Zwischen Truchtlaching und Altenmarkt ist auf tiefhängende Äste, vereinzelte Bäume und Felsen im Wasser sowie vereinzelte Stromschnellen Acht zu geben. Nach intensiven Regenfällen kann die Alz zu wild für einen sicheren Paddelausflug sein. Den Schildern auf dem Wasser ist Folge zu leisten.

40. Schönramer Filz: Mooriges Herz des Rupertiwinkels

Wunderschön schmiegt sich der Schönramer Filz in die sanfte Hügellandschaft des Rupertiwinkels. Als wäre er schon seit jeher hier gewesen und würde auch für immer bleiben. Dabei war man Mitte des 20. Jahrhunderts auf bestem Wege, ihm den Garaus zu machen. Glücklicherweise besann sich der Freistaat und deklarierte einen Teil des Filzes als Naturschutzgebiet, welches seit geraumer Zeit behutsam renaturiert wird.

Als größte südostbayerische Moorlandschaft war der Schönramer Filz einmal 500 Hektar groß. Er ist am Mittellauf des kleinen Flusses Sur gelegen und ein Erbe der letzten Eiszeit, die viele Spuren am nördlichen Rand der oberbayerischen Alpen hinterlassen hat. Bis ungefähr 1850 fand sich hier ein intaktes Hochmoor, in welchem die ärmere Bevölkerung Torf per Hand abbaute. Dieser war

Beeindruckende Pflanzenwelt im Moor

als Heizmaterial geschätzt und deutlich billiger als Brennholz, auch wenn er stank und extrem rauchte. Der Handtorfstich schadete dem Moor kaum, doch dann wurde der Abbau industrialisiert. Die Fläche wurde entwässert und große Maschinen frästen riesige Löcher in den jahrtausendealten Boden, um anschließend den Abbau auf einer sogenannten Bockerlbahn abzutransportieren.

Erst 1988 bereitete der Bayerische Landtag diesem Treiben ein Ende, indem er den Torfabbau auf allen staatseigenen Flächen stoppte. Seitdem werden Entwässerungsgräben verschlossen und Baumsprösslinge entfernt, bis der Boden hoffentlich irgendwann wieder so nass ist, dass sie sich nicht mehr ansiedeln können.

Die Natur hat sich bereits bewundernswert erholt, und heute findet man einen lichten Baumbestand aus Sandbirken, Kiefern und Fichten sowie baumfreie Flächen, auf denen Moosbeeren, Moorheidelbeeren und Preiselbeeren wachsen. Diese vielfältige Landschaft

bietet zahlreiche Lebensräume für seltene Tiere und Pflanzen wie Heidelibelle, Sonnentau, Wollgras und Roten Fingerhut.

Um dieses kleine Juwel auch der Bevölkerung zugänglich zu machen, wurde ein dreieinhalb Kilometer langer Moorlehrpfad angelegt, auf dem es leise und weich über Rindenmulch oder über einen Bohlenweg durch das Filz geht. Mehrere Infotafeln entlang der Strecke geben Auskunft über die Entstehung des Moores sowie über die Geschichte des Torfabbaus. Dabei lernt man zum Beispiel, dass es zehn lange Jahre dauert, bis sich ein Zentimeter Moor bildet. Demnach stammt die Schicht in zwei Metern Tiefe also aus der Zeit um Christi Geburt.

Prächtiges Farbenspiel

Auf der leichten und gut ausgeschriebenen Wanderung geht es vorbei an sanft gewölbten und wie gepolstert wirkenden Heidewiesen, an aus der Sumpflandschaft ragenden Baumstümpfen und malerischen Birkenansammlungen. Und obwohl der Großteil der Heide besonders geschützt ist, darf man sie an einer Stelle sogar betreten. Beim Blick über den Großen Moorsee, der die ehemalige Torfabbaugrube füllt, spiegeln sich die nahen Berge auf der Wasserfläche, und selbst der größte Hektiker kommt hier zur Ruhe und vergisst die Zeit.

Wer nach dieser kleinen Wanderung Lust auf einen Snack bekommen hat, braucht im Herbst nicht weit zu gehen. Nur 250 Meter südlich vom Parkplatz, auf der anderen Seite der Hauptstraße, findet man eine Cranberry-Plantage. Diese wurde 1970 als Versuchspflanzung von einem Professor der TU München Weihenstephan angelegt und wird mittlerweile von einem seiner ehemaligen Studenten liebevoll weitergeführt. In der Zeit von September bis November ist sie für Selbstpflücker zugänglich, und neben

Cranberrys gibt es auch Heidelbeeren und Apfelbeeren, die dank angesiedelter Bienenvölker reiche Erträge bringen.

INFO

Lage: 15 Kilometer östlich von Traunstein

Anfahrt: Die Autobahn A8 bei der Ausfahrt 113 Neukirchen verlassend fährt man nach Norden Richtung Teisendorf. In Oberteisendorf biegt man beim Gasthof Hofwirt mitten im Ort nach rechts ab. Nach zwei Kilometern geht es nach links den Schildern nach Waging am See folgend. Auf einer Brücke überquert man wenig später die Bahngleise und biegt anschließend gleich danach rechts ab. Durch Holzhausen hindurch folgt man der Straße knappe fünf Kilometer und verlässt sie dann nach rechts. Im Dorf Schönram geht es beim Bräustüberl links auf die Laufener Straße, von wo aus es nur noch eineinhalb Kilometer sind bis zur Einfahrt zum Parkplatz Heidewanderung links der Straße. Die Abzweigung zur Cranberry-Plantage findet man 100 Meter vorher rechts, und den Eingang 150 Meter die Straße hinunter.

Öffnungszeiten: immer

Eintritt: nichts

Aktivitäten: Wandern

Unterkünfte:

- Ferienwohnung Westenburger (Höglerhof): familiengeführter Bauernhof in idyllischer Lage mit Blick auf die Berchtesgadener Berge unweit des Waginger Sees; Ferienwohnung ab 79 EUR; Brandhofen 4, 83367 Petting, Tel.: 08686 9846120, *waginger-see.bayern*
- Fewo Traunstein am Stadtplatz: modern eingerichtete Ferienwohnungen im Zentrum von Traunstein; Ferienwohnung ab 95 EUR; Am Stadtplatz 25, 83278 Traunstein, Tel.: 0151 22404743, *fewo-traunstein.de*

Hinweis: Außer an ausgewiesenen Stellen sollte man die Wanderwege nicht verlassen, um das fragile Ökosystem nicht aus dem Gleichgewicht zu bringen.

41. Jenbachtal: Wildes Wasser in sanfter Umgebung

Beschaulich und teilweise schon fast verschlafen liegt der Kurort Bad Feilnbach im Windschatten des Wendelsteins. Obstbäume gedeihen zu Füßen des bekanntesten Berges des Mangfallgebirges, und im Ort herrscht bayerische Gemütlichkeit. Fast nicht vorstellbar, dass diese Ruhe regelmäßig vom wild gewordenen Jenbach durchbrochen wird, entlang dessen ein interessanter Wanderweg Jung und Alt lockt.

Der Jenbach im oberen Teil

Es wird vermutet, dass der Name Jenbach von der Bezeichnung „jäher Bach" her rührt, und seit es schriftliche Aufzeichnungen gibt, wird der Fluss immer wieder als gefährlich bezeichnet. Regelmäßig schob er bei starken Niederschlägen Wasser- und Geröllmassen durch das Dorf, doch 2010 wurde zum Schutz vor Hochwassern 800 Meter oberhalb des Ortes endlich eine neue Geschiebesortiersperre fertig gestellt, die zu den größten Bayerns gehört. Was sich kompliziert anhört, ist simpel betrachtet ein Damm, der größere Geröllmassen davon abhält flussabwärts große Schäden anzurichten, Kies und

Schlamm jedoch hindurch lässt und somit zum Erhalt des natürlichen Flussbetts beiträgt. Wenige Hundert Meter oberhalb dieser Staumauer hat man einen Wildholzrechen errichtet, der große Baumstämme abfangen und Blockaden im Fluss verhindern soll.

Badeplattform im Jenbachparadies

Von dieser furchteinflößenden Wildheit des Jenbachs ist meist jedoch nichts zu spüren. Stattdessen findet sich oberhalb der Autobrücke über den Fluss im Süden des Dorfes eine Badeplattform, die an heißen Tagen von den Einheimischen genutzt wird, um sich im smaragdgrünen Wasser abzukühlen. Hier kann man wunderbar die Seele baumeln lassen, und es ist kein Wunder, dass dieser Platz den Namen Jenbachparadies bekommen hat.

Blick auf das Brechries an der Bergflanke der Farrenpoint

Wandert man am Erlebnisweg Jenbachwasser rechts am Ufer entlang flussaufwärts, so passiert man zahlreiche künstliche Wasserfälle, welche die Geschwindigkeit des Fließgewässers enorm verlangsamen und zahlreiche weitere Bademöglichkeiten bieten. Entlang des breiten Pfades finden sich immer wieder kleine Stationen mit einem Wasserrad, einer Minibank, einem Klangspiel oder einer kleinen natürliche Dusche, die vor allem Kindern willkommene Spielpausen bieten.

Jenbachfall

An der Geschiebesortiersperre vorbei geht es bergauf, und je weiter man voran schreitet, desto natürlicher wird der Flusslauf. Nach gut zwei Kilometern Wanderung erblickt man das Brechries an der Flanke des Berges Farrenpoint, welches eine Rutschmasse ist, die seit 1980 aktiv ist. Langsam, aber kontinuierlich bewegt sich das Geröll mit einem Volumen von geschätzt sieben Millionen Kubikmetern hangabwärts, was es zur größten Rutschung des nördlichen Alpenrandes macht – und ein weiterer Faktor ist, der den Jenbach so unberechenbar macht.

Nach knapp drei Kilometern führt der Pfad auf eine Forststraße, die man jedoch wenige Hundert Meter bergauf wieder nach links verlässt, um auf den nun deutlich steileren Jenbachsteig zu gelangen. Über Gitterroste und kleine

Brücken geht es entlang des Flusses zum imposanten Jenbachfall, der sich lautstark über mehrere Meter in die Tiefe ergießt.

Wer Lust hat in einer Hütte einzukehren, kann weiter bis zur ungefähr 15 Minuten entfernten und gut ausgeschriebenen Wirts-Alm laufen, ansonsten geht es entweder über den gleichen Weg zurück oder über den breiten Forstweg vorbei am Wanderparkplatz Oberes Jenbachtal talwärts.

INFO

Lage: 15 Kilometer südwestlich von Rosenheim

Anfahrt: Von der Autobahn A8 nimmt man die Ausfahrt Bad Aibling und biegt nach rechts Richtung Bad Feilnbach ab. Beim Kreisverkehr die zweite Ausfahrt nehmend erreicht man nach fünf Kilometern Bad Feilnbach. Der Münchner Straße folgend biegt man am Hotel Bayerisch Meran nach rechts auf die Kufsteiner Straße ab und nimmt kurz später die Wendelsteinstraße nach links. Folgt man dieser bis zum Ende, wo sie eine scharfe Linkskurve macht, findet man gegenüber vom Gasthaus Millau den kostenpflichtigen Wanderparkplatz Unteres Jenbachtal.

Öffnungszeiten: immer

Eintritt: nichts

Aktivitäten: Wandern, Baden

Unterkünfte:

- Wachinger Hof: familiengeführter Bio-Bauernhof mit eigenem Hofladen und modernen Ferienwohnungen; Ferienwohnung ab 55 EUR; Hocheckstraße 25, 83075 Bad Feilnbach, Tel.: 08066 545, *wachingerhof.de*
- Landgasthof Maximilian: einsam im ehemaligen Torf gelegenes Landhotel zwischen Bad Feilnbach und Rosenheim; Doppelzimmer ab 89 EUR; Torfwerk 2, 83075 Bad Feilnbach, Tel.: 08064 90570, *landgasthof-maximilian.de*

Hinweis: Im Bereich der Wasserfälle entlang des Jenbachsteigs ist auf Steinschlag Acht zu geben.

42. Giessenbachklamm: Gemütliches Schluchtenabenteuer für die ganze Familie

Direkt an der Tiroler Grenze im Inntal nahe Kufstein liegt diese enge Schlucht, durch die sich ein wilder Gebirgsbach ergießt. Eine leichte und abwechslungsreiche Wanderung führt durch sie hindurch zu einer malerisch gelegenen Alm, erfrischenden Badestellen und zauberhafter, oberbayerischer Alpenkulisse.

Klein, aber fein und vor allem kaum bekannt ist die Mittlere Gießenbachklamm.

Über Millionen von Jahren hat sich der Gießenbach durch das Gestein gegraben und dabei eine tiefe, 600 Meter lange Schlucht geschaffen. Die ungeheure Kraft dieser Wassermassen wird am Einstieg zur Klamm von Miss Soffi geerntet. Dabei handelt es sich nicht um eine betagte englische Dame, sondern ein privates Wasserrad aus Holz, das die Bleier Sag (Sägewerk) seit gut zwei Jahrzehnten antreibt und den Überschuss an Strom in das öffentliche Netz einspeist. Es produziert beeindruckende 110.000 Kilowattstunden Strom pro Jahr und ist mit einem Durchmesser von acht Metern sowie einer Breite von zwei Metern das größte funktionierende Wasserrad Bayerns.

Miss Soffi

Rechter Hand entlang des Baches geht es in das Tal, dann über eine kleine Brücke nach links und auf einem breiten Forstweg zum E-Werk. Hier erhascht man bereits einen ersten Blick in die wildromantische Vordere Gießenbachklamm, der einen ansporNt die zahllosen nun kommenden Stufen mit der nötigen Motivation zu erklimmen. Es geht den bewaldeten Hang hinauf, bis der Weg eine Kehre macht und in die Schlucht hineinführt. Ein sicherndes Geländer führt anschließend 60 Meter über dem tosenden Bach in die Klamm, deren imposante Felswände sich zu beiden Seiten steil erheben. Immer wieder ergeben sich spektakuläre Blicke auf das tobende Wasser, auf interessante Felsformationen, rauschende Wasserfälle und sattgrüne Vegetation.

Plötzlich öffnet sich das Tal wieder, und an einer Staumauer entlang führt eine Brücke erneut auf die rechte Seite des Baches. Das wilde Rauschen wird zum sanften Plätschern, und vor einem liegt ein aufgestauter, tiefgrüner See, der von einer bilderbuchreifen Landschaft umrahmt ist und an dessen Ufer zahlreiche Plätzchen zum Verweilen und Baden einladen.

Nur noch wenige Meter sind es nun zur Schopper Alm, die während der Saison nicht nur leere Mägen füllt, sondern auch Kinderherzen höher schlagen lässt. Neben frei herumlaufenden Ziegen gibt es hier nämlich auch einen Spielplatz mit Sandkasten sowie eine beliebte Bobbycar-Rennpiste.

Für Erkundungsfreudige geht es weiter zur Mittleren Gießenbachklamm, welche gut versteckt liegt und kaum besucht wird. Um hierher zu gelangen, betritt man gut 100 Meter oberhalb der Schopper

In der Rechtskurve nach der Schopper Alm biegt der versteckte Pfad zur Mittleren Gießenbachklamm nach links ab.

Alm links die eingezäunte Kuhweide. Den nur leicht sichtbaren Weg geht man leicht nach oben rechts kurvend bis zum Waldrand, wo man den Zaun übersteigt und einem schmalen Pfad durch den Wald folgt. Nach knapp 500 Metern erreicht man den Bach, und geht man etwas weiter entlang des Ufers, gelangt man zur Mittleren Gießenbachklamm. Hier finden sich mehrere wunderbare Gumpen, die an sonnigen Tagen zur Mittagszeit ein paar Strahlen abbekommen.

Zurück geht es entweder über den gleichen Weg oder man erweitert die Tour ab der Schopper Alm ein klein wenig und macht einen Rundweg über den Trojerhof. Dieser ist bekannt als ältester Bergbauernhof Bayerns, da seine Gründung als Keltensiedlung auf 500 Jahre v. Chr. datiert ist und auch heute noch ein Hof mit Kapelle dort steht. Um zu dem Gehöft zu kommen, nimmt man unterhalb der Schopper Alm die überdachte Holzbrücke auf die andere Bachseite. Die asphaltierte Straße verlässt man in einer Linkskurve steil bergauf nach rechts, dem Schild „Rundweg Trojer" folgend. Nach einer Passage durch den Wald und entlang einer großen Lichtung des Weilers Althäusl erreicht man die Almwiese vom Trojerhof mit einem traumhaften Blick über die Chiemgauer Alpen und das Kaisergebirge. Diesen genießt man am besten von der Bank links oberhalb der mit einem großen Findling markierten Weggabelung. Am Hof vorbei geht es auf der asphaltierten Straße zurück ins Tal, wo man sich an der Straße links hält um zum Ausgangspunkt zurückzugelangen.

INFO

Lage: 25 Kilometer südlich von Rosenheim

Anfahrt: 23 Kilometer nach Beginn der Inntalautobahn A93 nimmt man die Ausfahrt nach Kiefersfelden und biegt am Kreisverkehr nach rechts ab. Am Ende der Straße trifft man auf die Rosenheimer Straße, folgt dieser nach links, und biegt nach 250 Metern direkt nach der Brücke scharf rechts auf die Kiefermühlstraße ab. Diese mündet bald in die Thierseestraße, der man entlang der Bahngleise folgt. Knappe zwei Kilometer nach dem Ortsausgang sieht man rechter Hand das große Wasserrad der Bleier Sag und stellt seinen Wagen entlang der Straße vor der Brücke über den Gießenbach ab.

Öffnungszeiten: von Ostern bis Mitte November (die Schopper Alm hat montags Ruhetag, *schopperalm-inntal.de*)

Eintritt: nichts

Aktivitäten: Wandern, Baden

Unterkünfte:

- Alpenhof: gemütliches Landhotel und Restaurant in dörflicher Lage mit modernen Zimmern; Doppelzimmer ab 88 EUR; Rosenheimer Straße 97, 83080 Oberaudorf, Tel.: 08033 308180, *alpenhof-oberaudorf.de*
- Hotel Keindl: familiengeführte Unterkunft zu Füßen des Berges Wildbarren; Doppelzimmer ab 114 EUR; Dorfstraße 2-4, 83080 Oberaudorf, Tel.: 08033 30400, *hotel-keindl.de*

43. Weitsee, Mittersee und Lödensee: Idyllisches Seen-Trio

Märchenhaft schön liegen die drei Seen von Bergen umrahmt zwischen Reit im Winkel und Ruhpolding, kurz vor der österreichischen Grenze. Egal, ob es einen zum Baden, Wandern oder einfach nur zum Entspannen in die herrliche Natur hierher zieht – das Drei-Seen-Land hat für alle etwas.

Im Naturschutzgebiet Östliche Chiemgauer Alpen gelegen, erstrecken sich der Weitsee, Mittersee und Lödensee zwischen den Flanken des Gurnwandkopfs und des Dürrnbachhorns. Gespeist werden sie von kleinen oberirdischen Zuflüssen, die eine herausragende Wasserqualität garantieren. Und dank einer geringen Tiefe von

Der Weitsee mit seinem atemberaubenden Panorama

Manch Liegewiese teilt man sich mit entspannten Kühen.

maximal zwölf Metern wärmen sie sich im Sommer zu einer angenehmen Badetemperatur auf – die allerdings nach starken Regenfällen auch schnell wieder sinken kann.

Da die Flora und Fauna im Uferbereich sehr sensibel sind, darf nur an ausgewiesenen Stellen gebadet werden, und leider ist man nicht ganz außer Hörweite der Deutschen Alpenstraße, die sich ebenfalls durch das Tal windet. Doch umgeben von der malerischen Chiemgauer Bergkulisse, Mischwäldern und Almwirtschaft ist dieser von manchen schwärmerisch „Klein-Kanada" genannte Flecken Erde trotzdem ein ausgezeichneter Ort, um die Seele baumeln zu lassen. Weite Wiesen bieten ausreichend Platz, um die selbst mitgebrachte Brotzeit zu verzehren, den Lieblingsschmöker zu verschlingen und sich an heißen Tagen immer wieder im Wasser abzukühlen. Besonders der Lödensee mit seinem flachen Ufer ist ideal auch für Familien mit kleinen Kindern. Und mit den genügsamen Kühen, die sich hier unters Badevolk mischen, findet man sich in einem Oberbayern, von dem man meint, es existiere so nur im Bilderbuch.

Entlang des Lödensees

Wem die Faulenzerei zu langweilig wird, der kann eine entspannte Wanderung entlang der drei Naturbadeseen machen, die alle mittels eines kleinen Wasserlaufs miteinander verbunden sind. Am besten wählt man eine Route, die möglichst weit weg von der Straße verläuft. Ein idealer Einstiegspunkt ist zum Beispiel der ausgewiesene Parkplatz 2, der nördlich vom

Feuchtwiese zwischen dem Weitsee und dem Mittersee

meist trockenen Flussbett des Langen Sands liegt. Von hier führt ein Weg entlang der Nordseite des Lödensees und Mittersees, welche kaum besucht ist und einen bequemen, grasigen Badeplatz nach dem anderen bietet. Trifft man am östlichen Ende des Weitsees auf die Deutsche Alpenstraße, so empfiehlt es sich diese zu queren und auf der Südseite des Gewässers weiter zu wandern.

Die um die Seen liegenden Wiesen werden aus Naturschutzgründen nur einmal jährlich gemäht und nicht gedüngt. Daher gedeihen auf dem feuchten, moorigen Untergrund Streuwiesen mit seltenen Pflanzen wie Sibirische Schwertlilie, Braunkernauge oder Pfeifengras. Wer bewusst und leise unterwegs ist, dessen Weg kreuzt vielleicht sogar eine Ringelnatter oder ein Birkhuhn.

Will man etwas länger wandern und einen Blick von oben auf die Seen erhaschen, sollte man sich auf den breiten Chiemgau-Radweg im Süden des Weitsees begeben. Folgt man diesem stetig ansteigend nach Westen, erreicht man nach einiger Zeit einen Sattel, der die Halbinsel Bürgl rechts davon abtrennt. Ein kurzer, aber steiler Anstieg vom Scheitel aus nach rechts bringt einen zum Aussichtspunkt Weitseeblick, von wo aus man die ganze Seenkette überblicken kann.

Ruhiger Badeplatz an der Nordseite des Mittersees

INFO

Lage: 20 Kilometer südlich von Traunstein

Anfahrt: Von der Autobahn A8 fährt man an der Ausfahrt Traunstein/Siegsdorf ab und biegt auf die Bundesstraße B306 nach rechts in Richtung Inzell ab. Nach 800 Metern nimmt man am Kreisverkehr die erste Ausfahrt nach Ruhpolding und fährt bis in den Ort, wo man kurz nach dem Bahnhof einen weiteren Kreisel an der zweiten Ausfahrt verlässt. Dieser Straße folgt man, bis vier Kilometer nach der Chiemgau Arena Ruhpolding rechter Hand der erste von mehreren Parkplätzen entlang der Seen ausgeschrieben ist.

Öffnungszeiten: immer

Eintritt: nichts

Aktivitäten: Wandern, Baden

Unterkünfte:

- Beim Nuihausa: mitten im Ort Reit im Winkel gelegen und mit eigenem Wellness- und Spa-Bereich; Doppelzimmer ab 75 EUR und Ferienwohnung ab 95 EUR; Dorfstraße 9, 83242 Reit im Winkel, Tel.: 08640 8164, *nuihausa.de*
- Beim Waicher: modern und doch traditionell gestaltete Hütten um einen idyllisch gelegenen Bauernhof herum angeordnet; Appartment ab 92 EUR und Chalet ab 210 EUR; Waich 10, 83324 Ruhpolding, Tel.: 08663 4169580, *beimwaicher.de*

Hinweise: Am Mittersee und Lödensee darf man überall ins Wasser gehen, am Weitsee nur an ausgewiesenen Badestellen. Diese befinden sich am östlichen Seeende vor der Diensthütte der Wasserwacht, auf der Halbinsel 500 Meter südwestlich davon (FKK), sowie beim Parkplatz entlang der Deutschen Alpenstraße gegenüber der Halbinsel Bürgl. An allen drei Seen ist Windsurfen und Segeln verboten, den Weitsee darf man zudem nicht mit dem Boot befahren. Nach starkem Regen können die Pegel der Seen stark ansteigen und manche Pfade nicht begehbar sein.

44. Saurüsselkopf: Der bayerische Schlangenberg

Nur zwei Kilometer Luftlinie trennen die Chiemgau Arena Ruhpolding vom „Sauriasslkopf", wie ihn die Einheimischen nennen. Doch während das Wintersport-Zentrum zum Biathlon-Weltcup und anderen Veranstaltungen die Massen anlockt, zählt der kleine Berg als echter Geheimtipp. Dabei macht es nicht nur sein einmaliger 360-Grad-Ausblick wert ihn zu erklimmen, sondern auch die Chance seltenen Bergvipern zu begegnen.

Lichter Wald unterhalb des Vorgipfels

Mit nur 600 Höhenmetern und 80 Prozent Forstwegen ist die Wanderung auf den Saurüsselkopf keine bergsteigerische Herausforderung. Den Weg zu finden ist jedoch nicht ganz so einfach, da keine Beschilderung zum Gipfel führt. Aber mit etwas Orientierungssinn und folgender Wegbeschreibung ist der gut zweistündige Aufstieg auf den markanten Berg auch Nicht-Ortsansässigen möglich.

Vom Parkplatz beim Holzknechtmuseum aus folgt man der Teerstraße nach Süden und kommt nach wenigen Minuten an eine Abzweigung, bei der man dem Schild zur Chiemgau Arena nach rechts folgt. Bei den zwei kleinen Häusern an der sogenannten

Vom Bett des Fischbachs aus ergibt sich ein erster Blick auf den markanten Saurüsselkopf.

Fuchswiese biegt man nach links ab und erhält einen ersten Blick auf den exponiert stehenden Saurüsselkopf. Noch schöner präsentiert er sich nur noch vom Bachbett des Fischbachs aus, zu dem man kurz nach dem Infoturm des Biathlonzentrums links durchs Gras hinab steigen kann. Ungefähr einen Kilometer später quert man die Brücke über den Fahsteigenbach, nach der man die bis hierher breite und relativ flache Schotterstraße verlässt und den nach rechts ansteigenden Forstweg wählt.

Nun geht es die Westflanke des Berges entlang relativ steil bergan, und nach weiteren zwei Kilometer passiert man eine etwas versteckte Forsthütte rechts im Wald. Einige Hundert Meter später endet die Forststraße und formt eine Schlaufe. Hier wählt man den linken Ast und findet nach circa 75 Metern links kurz vor dem Bachbett einen mit einem blauen Strich markierten Baum, an dem der Steig über den Südrücken des Saurüsselkopfes beginnt.

Der nun schmale und endlich nicht mehr monotone Pfad führt erst durch hohen Nadelwald und ziemlich bald durch wunderbar lichten Mischwald zu einem kleinen Sattel. Anschließend geht es etwas exponierter in engen Kehren durch eine liebliche Heide- und

Latschenlandschaft über steileres Gelände bis zum Vorgipfel, von dem aus sich ein ausgezeichneter Blick auf den Hauptgipfel bietet. Nach einem kurzen Abstieg in den Hauptsattel führt der felsige Steig dann zum Gipfelkreuz auf 1271 Metern mit fabelhaftem Ausblick über das umliegende Land. Zwar haben oben nicht viele Bergsteiger Platz, aber da man hier meist allein ist, lässt sich der 360-Grad-Rundum-Blick umso mehr genießen.

Besonders auf dem letzten Teil der Wanderung sollte man außerhalb der Wintermonate die Augen nach schwarzen Bergvipern aufhalten. Diese im Volksmund auch als „Höllenottern" bekannten Schlangen sind jedoch keine eigene Art, sondern eine melanistische Ausprägung der Kreuzotter. Dabei sind die meisten Tiere nicht von Geburt an schwarz, sondern dunkeln in den ersten beiden Lebensjahren allmählich ein.

Kreuzottern stehen auf der Roten Liste als stark gefährdet, weshalb man das Vorkommen dieser besonderen Exemplare hier wertschätzen und ihren Rückzugsort respektieren sollte. Sie sind tagaktiv und suchen vor allem morgens und am späten Nachmittag Sonnenplätze auf, um sich zu wärmen. Besonders rege sind sie an schwülwarmen Tagen und nach längeren Regenperioden, Wind hingegen meiden sie.

Höllenotter

Da Schlangen vibrationsempfindlich sind, ziehen sie sich oft schon zurück, bevor sie von Menschen wahrgenommen werden. Kommt es doch zu einer Begegnung, sollte man Vorsicht walten lassen, da die Kreuzotter die einzige Giftschlange Oberbayerns ist. Damit sie bei einer Begegnung nicht unter Stress gerät und zubeißt, empfiehlt es sich stehenzubleiben, sie ruhig zu beobachten und sich diskret zurückzuziehen.

INFO

Lage: 20 Kilometer südlich von Traunstein

Anfahrt: Von der Autobahn A8 Ausfahrt Traunstein/Siegsdorf folgt man der Bundesstraße B306 nach Süden. Nach einem knappen Kilometer nimmt man im Kreisverkehr die erste Ausfahrt nach Ruhpolding und folgt der Straße acht Kilometer lang, um zum Kreisverkehr in der Ortsmitte zu gelangen. Dort nimmt man die zweite Ausfahrt und fährt weitere 4,5 Kilometer nach Süden, bis zum linker Hand ausgeschriebenen Holzknechtmuseum, welches nur 200 Meter abseits der Hauptstraße liegt und kostenlose Parkplätze bietet.

Öffnungszeiten: immer

Eintritt: nichts

Aktivitäten: Bergsteigen, Tierbeobachtungen

Unterkünfte:

- Beim Waicher: modern und doch traditionell gestaltete Hütten um einen idyllisch gelegenen Bauernhof herum angeordnet; Appartment ab 92 EUR und Chalet ab 210 EUR; Waich 10, 83324 Ruhpolding, Tel.: 08663 4169580, *beimwaicher.de*
- Bergsporthotel Fritz am Sand: traditionsreiches Hotel in traumhafter Landschaft; Einzelzimmer ab 47 EUR, Mehrbettzimmer ab 25 EUR p. P., Suite ab 100 EUR; Fritz am Sand 1, 83324 Ruhpolding, Tel.: 08663 7809848 *fritzamsand.com*

Hinweise: Bergvipern sind giftig, jedoch ist das Gift in der Regel nur für Kinder sowie kranke und ältere Menschen gefährlich. Die Tiere sollten nicht in die Enge getrieben und mit Respekt behandelt werden. Wird man dennoch gebissen, sollte man den betroffenen Körperteil ruhigstellen und die Bergrettung rufen oder ein Krankenhaus aufsuchen. Bei dieser Bergbesteigung ist Trittsicherheit erforderlich. Ein Aufstieg bei Nässe und Schnee ist nicht empfehlenswert.

Berchtesgadener Land

Auf dem Kahlersberg

Berchtesgadener Land

45. Schellenberger Eishöhle: Deutschlands größter Kühlschrank
46. Weißbachschlucht: Wildwasser zu Füßen der Deutschen Alpenstraße
47. Aschauer Klamm: Immer bergan am Wasser entlang
48. Stadelhorn: Auf den höchsten Gipfel der Reiter Alm
49. Wimbachgries: Im Schuttstrom des Watzmann
50. Kahlersberg: Gipfelglück hoch über dem Königssee

Teisendorf
304
Freilassing
20
B1
B158
8
Ainring
Salzburg
A1
Salzburg Airport
Inzell
Saalach
L114
L104
305
46
Bad Reichenhall
45
L107
L209
Salzach
Schneizlreuth
20
Hallein
A10
47
305
Unken
Bischofswiesen
B159
305
Berchtesgaden
Kuchl
Schönau am Königssee
48
Ramsau bei Berchtesgaden
Nationalpark Berchtesgaden
Königssee
49
50
B311
ÖSTERREICH
B164
Saalfelden am Steinernen Meer

45. Schellenberger Eishöhle: Deutschlands grösster Kühlschrank

Vielen Menschen in Deutschland und sogar Europa ist seit dem Unglück eines Forschers im Jahr 2014 die Riesending-Schachthöhle im Untersberg aus den Medien bekannt. Während der Zugang zu jener nur Wissenschaftlern und Forschern erlaubt ist, darf man in die Schellenberger Eishöhle nebenan jedoch auch als normaler Besucher. Vorausgesetzt, man macht sich die Mühe bis hierher zu wandern.

Als die schönste und größte erschlossene Eishöhle Deutschlands wird sie gerne beschrieben. Mit Hallen und Gängen voll imposanter Eisgrotten und Eisfälle. Doch trotz der unterirdischen Pracht wird man überraschenderweise nicht von Besuchermassen erschlagen. Diesen Umstand verdankt man alleinig ihrer Abgeschiedenheit und mangelnden Erschließung. Zwar gibt es von Österreich aus eine Seilbahn auf den Salzburger Hochthron, doch selbst dann muss man noch mindestens 1,5 Stunden über den anspruchsvollen Thomas-Eder-Steig über ein hochalpines Karstplateau wandern.

Da kann man sich gleich die Maut sparen und von Marktschellenberg auf der deutschen Seite aus aufsteigen, auch wenn dies mit gut drei Stunden etwas länger dauert. Der erste Teil des Weges ist gut ausgebaut und geht dann allmählich in einen Fußweg über. Zwei Stunden lang wandert man durch den Wald, bis man die Baumgrenze erreicht und sich ein herrlicher Ausblick auf den Untersberg ergibt. Nach einer weiteren Stunde erreicht man die Toni Lenz Hütte, bei der man am besten eine ausgiebige Rast einlegt und das wunderbare Panorama genießt.

Abstieg in die Eiswelt

Eingang zur Eishöhle von innen

Nur noch wenige Hundert Meter felsiges Gelände trennen einen nun vom Eingang der Eishöhle auf 1570 Höhenmetern. Sie darf nur im Rahmen einer Führung betreten werden, welche während der Saison jedoch regelmäßig stattfindet. Eisige Temperaturen schlagen einem bereits beim Betreten der nach unten führenden Sackhöhle entgegen, und bei Temperaturen um den Gefrierpunkt ist es zwingend erforderlich warme Kleidung mitgebracht zu haben.

Die im Inneren liegenden Eismassen erreichen eine Dicke von bis zu 30 Metern und werden auf 60.000 Kubikmeter geschätzt. Somit enthält die Höhle etwa doppelt so viel Eis wie die Eisriesenwelt und die Rieseneishöhle in Österreich und zählt weltweit zu den größten ihrer Art. Von den seit 1874 erforschten dreieinhalb Kilometern werden zwar nur 500 Meter im Rahmen der Führung begangen, doch die haben es in sich.

Auf schmalen Wegen geht es vorbei an riesigen Eisfeldern, natürlich geformten Skulpturen, gigantischen Eisblöcken und funkelnden Eiskristallen. Schon bald erreicht man das erste Highlight, die Josef-Ritter-von-Angermayer-Halle. Sie hat beeindruckende Ausmaße und bekommt nur noch wenig Tageslicht ab, weswegen der Höhlenführer Lampen verteilt. In deren Schein lassen sich als-

Untersberg zur Almrauschblüte

bald durch stetes Tropfen entstandene Eisfiguren entdecken, die dem Formenreichtum von Tropfsteinhöhlen in nichts nachstehen.

Über den ersten von mehreren Eisfällen geht es weiter abwärts, vorbei an Eis in den unterschiedlichsten Farben und Klarheitsgraden. Der tiefste Punkt der Tour ist die Fuggerhalle, wo sich das älteste nachgewiesene Eis befindet. Anhand eingelagerter Pollen wird es auf bis zu 3000 Jahre geschätzt. Hier ist es so kalt, dass sogar im Sommer ein Wachsen des Eises beobachtet werden kann. Anschließend geht es aufwärts

Eiswand in der Höhle

durch den Mörkdom mit seinen faszinierenden Eisgebilden und durch einen künstlichen Stollen zurück in die Eingangshalle. Von dort sind es nur noch ein paar Stufen, bis man wieder wärmende Sonnenstrahlen auf seiner Haut spüren kann.

INFO

Lage: zehn Kilometer nördlich von Berchtesgaden

Anfahrt: In Berchtesgaden nimmt man die Bundesstraße B305 nach Norden in Richtung Salzburg. Etwa ein Kilometer nach dem Ortsende von Markt Schellenberg passiert man linker Hand einen ehemaligen Zollturm. Wenige Meter später finden sich auf der rechten Seite kostenlose Parkplätze. Der Aufstieg zur Eishöhle beginnt gegenüber.

Öffnungszeiten/Eintritt:

- Verein für Höhlenkunde Schellenberg e. V.: bietet in den Sommermonaten stündlich geführte Touren durch die Höhle; täglich von 10 bis 16 Uhr; 8/4/18 EUR Erwachsener/Kind (6-16 J.)/Familie für 45-minütige Führung; Treffpunkt am Wartebereich unweit des Höhleneingangs; Tel.: 08650 984560, *eishoehle.net*

Aktivitäten: Bergsteigen, Höhlentour

Unterkünfte:

- Hotel und Chalets Lampllehen: gemütliches, familiengeführtes Hotel in malerischer Alpenkulisse im Süden von Marktschellenberg; Doppelzimmer ab 98 EUR und Chalet ab 140 EUR; Kedererweg 8, 83487 Marktschellenberg, Tel.: 08650 844, *lampllehen.de*
- Steinlehen: liebevoll eingerichtete Unterkunft in traumhafter Berchtesgadener Landschaft; Ferienwohnung ab 75 EUR (mind. sieben Nächte) und Zimmer ab 60 EUR (mind. vier Nächte); Steinerweg 66, 83487 Marktschellenberg, Tel.: 08650 454, *steinlehen.de*

Hinweise: Festes Schuhwerk und warme Kleidung sind für das Betreten der Eishöhle Pflicht. Ihre Erkundung ist außerdem nur mit einem Führer erlaubt.

46. Weissbachschlucht: Wildwasser zu Füssen der Deutschen Alpenstrasse

Oben dröhnt der Verkehr auf der Alpenstraße, unten rauscht der Weißbach durch sein jahrtausendelang geformtes Flussbett. Und obwohl es nur wenige Meter von der Straße entfernt einen spannenden Wanderweg mit Brücken und drahtseilgesicherten Stegen durch die Schlucht gibt, halten die wenigsten Autofahrer an. Dabei gibt es hier eines der schönsten Natur-Highlights im Berchtesgadener Land zu bestaunen.

Diese einfach ungefähr drei Kilometer lange Wanderung beginnt man am besten im Ort Schneizlreuth, der nur einen Katzensprung von der österreichischen Grenze entfernt liegt. Vom Parkplatz entlang des Friedhofs geht es nach Norden, wo man schon nach

Wildromantisch führt der Weg durch die Schlucht.

wenigen Metern auf den Weißbach trifft. Flussaufwärts folgt man dem sich entlang des Wildbachs schlängelnden Weg. Unter der Deutschen Alpenstraße hindurch, aber immer noch auf der linken Flussseite bleibend schreitet man in das immer enger werdende Tal. Eine Fußgängerbrücke führt parallel zur Weinkaser Samerbrücke über den Weißbach, wo – kaum dass man die Straße ein zweites Mal unterquert hat – der Blick unwillkürlich sofort nach oben wandert.

Wasserfall vom Ristfeuchthorn

Mit etwas Glück ergießt sich hier ein gigantischer Wasserfall von 200 Metern Höhe in mehreren Stufen von den steilen Bergflanken der Nordwand des Ristfeuchthorns. Interessanterweise hat er keinen Namen, obwohl er zu den höchsten Deutschlands zählt. Das liegt vielleicht daran, dass er nur während der Schneeschmelze oder nach starken Regenfällen existiert.

Folgt man dem breiten Kiesweg parallel zum Weißbach in den Wald, kommt man bereits nach kurzer Zeit an eine Weggabel, an der man sich links entlang des Wildbachs hält. Das Blätterdach wird dichter, und wer zur passenden Jahreszeit unterwegs ist, kann im Schatten der Bäume Unmengen an lila blühenden Wilden Alpenveilchen entdecken, die auf der Roten Liste als gefährdet eingestuft werden. In unmittelbarer Umgebung einer Brücke über einen Seitenzufluss lässt es sich zu einer breiten Kiesbank am hier ruhig fließenden Weißbach hinuntersteigen, mit Blick auf einen weiteren, kaskadenförmigen Bachzulauf auf der gegenüberliegenden Hangseite.

Folgt man dem Weg weiter, ändert der anfangs friedliche Weißbach sein Erscheinungsbild markant. Wild und ungestüm ergießt er sich über zahlreiche Wasserfälle in weiß brodelnde Gumpen in der nun deutlich engeren Schlucht. Je nach Wasserstand gibt es jedoch auch vereinzelt ruhige Becken, in denen man sich an heißen Sommertagen abkühlen kann.

Alpenveilchen am Wegesrand

Auf einem schmalen Steig geht es über Brücken und Stege entlang der rechten Seite des Flusses relativ flach dahin. Mal gibt es Geländer, mal Drahtseile zum sicheren Vorankommen an der teilweise von Moos bewachsenen, steilen Schluchtwand. Dabei wird der Pfad nie langweilig, und hinter jeder Biegung ergibt sich ein neuer, interessanter Blick. Einer, den die Holzknechte bei ihrer gefährlichen Triftarbeit (dem Transport von Holzstämmen auf dem Wasser) für die Saline in Bad Reichenhall wahrscheinlich nicht würdigen konnten. Dabei ist es ihnen zu verdanken, dass es den Weg überhaupt gibt.

Das Ende der Schlucht befindet sich unterhalb vom Hotel und Gasthof Mauthäusl, das man nach dem Erklimmen zahlreicher Stufen erreicht. Wer möchte, kann vor der Umkehr zum Ausgangspunkt in Schneizlreuth noch 150 Meter weiter wandern. Über eine kleine Brücke gelangt man so über den Weißbach, und hält man sich an der Wegkreuzung rechts, erreicht man nach wenigen Metern einen versteckten Wasserfall am Scharnbach.

INFO

Lage: fünf Kilometer westlich von Bad Reichenhall

Anfahrt: Im Süden von Bad Reichenhall überquert man auf der Kretabrücke die Saalach und fährt auf der Staatsstraße 2101 am Thumsee vorbei. Sieben Kilometer nach der Flussüberquerung zweigt man nach rechts ab um über eine Schlaufe auf die Bundesstraße B305/Deutsche Alpenstraße nach Süden zu gelangen. Nach weiteren zwei Kilometern trifft man auf die B21, auf die man nach rechts Richtung Unken einbiegt. Nach der Überquerung des Weißbachs biegt man beim „Wurznwirt" in das Dorf Schneizlreuth ein und parkt wenige Meter weiter entlang des Friedhofs oder westlich davon.

Öffnungszeiten: immer

Eintritt: nichts

Aktivitäten: Wandern, Baden

Unterkünfte:

- Almdorf Rauschbergblick: im Dorfstil um einen kleinen Schwimmweiher angelegte, moderne Unterkünfte mit Zugang zu einer Blocksauna und traumhaftem Blick auf die umgebende Bergkulisse; Chalet ab 199 EUR, Almhütte ab 130 EUR, Ferienwohnung ab 60 EUR und Doppelzimmer ab 40 EUR; Hutterer 4, 83334 Inzell, Tel.: 08665 452, *rauschbergblick.de*
- Binderhäusl: Hotel und Restaurant in ruhiger Lage am Fuße des Inzeller Hausbergs Falkenstein; Doppelzimmer ab 86 EUR; Bichlstraße 43, 83334 Inzell, Tel.: 08665 461, *familie-keller.de*

Hinweise: Aufgrund von Naturereignissen wie Hochwasser oder Murenabgängen kann die Schlucht auch einmal gesperrt sein. Festes Schuhwerk gibt Griffigkeit auf rutschigen Wegabschnitten, Trittsicherheit und Schwindelfreiheit sind Voraussetzung. Selbst bei sommerlichen Temperaturen empfiehlt es sich wärmere Kleidung und eine Regenjacke für die Schlucht einzupacken. Bei Schnee und nasser Witterung ist eine Begehung wegen Rutschgefahr nicht zu empfehlen.

47. Aschauer Klamm: Immer bergan am Wasser entlang

Im Gegensatz zu vielen anderen Schluchten, die dunkel, eng und kühl sind, präsentiert sich die Aschauer Klamm ungewöhnlich freundlich. Das helle Bachbett und die relativ breite Klamm laden zu einer wunderbaren Tour ein, auf der man gerne verweilt und sich an heißen Tagen auch im Gebirgsbach abkühlen kann.

Der Beginn der Tour liegt beim Wendehammer der Wehrtechnischen Dienststelle für Schutz- und Sondertechnik in Oberjettenberg, auch WTD 52 genannt. An was genau in den Stollen der Reiteralpe geforscht wird und für was die Gebirgsjäger der Bundeswehr auf dem mit der nichtöffentlichen Seilbahn erreichbaren Hochplateau trainieren, bleibt Externen ein Geheimnis. Aber warum sollte man sich darüber auch den Kopf zerbrechen, wenn einen nur wenige Schritte weiter so viel natürliche Schönheit in friedlicher Umgebung erwartet?

Teilweise recht schmal führt der Weg am Bach entlang.

Über sanft hügelige und saftig grüne Wiesen führt eine Teerstraße an einem urigen, kleinen Heustadel vorbei Richtung Hoisenhof. Kurz vor dem Gehöft weisen zwei Schilder zum Haiderhof, welcher bergab am Aschauer Bach liegt. Hier wählt man den mit 45 Minuten nach rechts zeigenden Weg und folgt dann der Beschilderung auf dem immer steiler und schmaler werdenden Pfad hinunter ins Tal. Direkt beim Hauseck vom Haiderhof geht es nach links in das Naturschutzgebiet der Klamm.

Vereinzelt führen Brücken von einer auf die andere Seite des Aschauer Bachs.

Zahm rauscht das frische Wasser des Aschauer Bachs durch das liebliche Tal, das wie aus einem Bilderbuch gefallen zu sein scheint. Kleine Wasserlöcher und feine Mini-Sandstrände laden zum Verweilen ein. Die Felsen unter dem Wasser leuchten in surrealem Weiß, das je nach Wassertiefe gelblich oder sogar grünlich wirkt. Die Warnung am Anfang des Weges, dass er nur für Geübte und Trittsicherheit und Schwindelfreiheit erfordert, lässt einen hier erst einmal nur lächeln. Doch auch wenn es auf dieser Wanderung keine extremen Blicke in den Abgrund wie bei anderen Klammen gibt, so wird doch noch das ein oder andere Wegstück kommen, wo Vorsicht angebracht ist.

An Kaskaden, Wasserfällen und kleinen Gumpen entlang führt der Weg als Pfad und teilweise über Holzstege leicht aufwärts, wobei gefährlichere Stellen mit einem Drahtseil gesichert sind. Meist begleitet man den Bach, manchmal quert man ihn mittels Brücken, und immer wieder einmal hat man die Chance seine Füße oder mehr im eiskalten Gebirgswasser zu kühlen. Nach jeder Wegbiegung eröffnet sich ein neuer, einmaliger Ausblick, und wer einen Blick für Details hat, kann neben Alpen-Aurikeln auch Zwergalpenrosen und zahlreiche Orchideenarten wie das Rote Waldvögelein entdecken. Sie sind das Resultat aus den vielen verschiedenen

Grüngelb erscheint das Wasser in den hellen Gumpen.

Standorten und den von Föhn und Kaltluftwinden kreierten kleinklimatischen Verhältnissen die hier eine unglaublich reiche Pflanzenwelt gedeihen lassen.

Nach circa einer Stunde Wanderung entlang des Aschauer Bachs entfernt sich der Weg vom Wasser, und man erreicht die Hütte der denkmalgeschützten Aschauer Klause. Sie diente wie die vielen anderen Klausen in der Umgebung zur Sammlung von Holz, das die Saline in Bad Reichenhall zur Beheizung der Sudpfannen brauchte, um Salz aus der Sole zu gewinnen. Dafür wurde das Wasser hinter dem Wehr angestaut, um dann in einem großen Schwall das geschlagene Holz gen Tal zu transportieren.

Blauer Eisenhut

Der Weg über das Bruchsteinmauerwerk führt einen auf die andere Seite des Tals, wo man sich an der Forststraße nach links wendet. Weniger spektakulär, aber immer noch schön, geht es auf der sich entlang der Bergflanke schlängelnden, breiten Straße mit immer wieder tollen Ausblicken und durch zwei kurze Tunnel nach Oberjettenberg zurück. Um zurück zum Parkplatz am Wendehammer zu gelangen, biegt man nach dem Wanderparkplatz bei der Militärseilbahn scharf nach links ab.

INFO

Lage: zehn Kilometer südwestlich von Bad Reichenhall

Anfahrt: Im Süden von Bad Reichenhall folgt man der Bundesstraße B21 entlang des Saalachstausees Richtung Schneizlreuth. Nach gut sechs Kilometern biegt man bei Unterjettenberg links auf die B305 ab und verlässt die Straße nach einem Kilometer nach rechts Richtung Oberjettenberg beim Schild mit der Aufschrift WTD 52. Immer gerade aus geht es zwischen Militärgebäuden hindurch bis zu einem Wendehammer, an dem man parken darf.

Öffnungszeiten: immer

Eintritt: nichts

Aktivitäten: Bergsteigen, Baden

Unterkünfte:

- Almdorf Rauschbergblick: im Dorfstil um einen kleinen Schwimmweiher angelegte, moderne Unterkünfte mit Zugang zu einer Blocksauna und traumhaftem Blick auf die umgebende Bergkulisse; Chalet ab 199 EUR, Almhütte ab 130 EUR, Ferienwohnung ab 60 EUR und Doppelzimmer ab 40 EUR; Hutterer 4, 83334 Inzell, Tel.: 08665 452, *rauschbergblick.de*
- Binderhäusl: Hotel und Restaurant in ruhiger Lage am Fuße des Inzeller Hausbergs Falkenstein; Doppelzimmer ab 86 EUR; Bichlstraße 43, 83334 Inzell, Tel.: 08665 461, *familie-keller.de*

Hinweise: Aufgrund einiger weniger potenziell gefährlicher Stellen wird für diese Tour Trittsicherheit und Schwindelfreiheit vorausgesetzt. Festes Schuhwerk ist Pflicht, da an nassen Stellen Rutschgefahr besteht.

48. Stadelhorn: Auf den höchsten Gipfel der Reiter Alm

Diese erlebnisreiche und fordernde Rundtour ist ein richtiges Schmankerl für echte Bergfexen. Auf anspruchsvollen Steigen geht es hinauf auf das Massiv der Reiter Alm und nicht weniger anstrengend bergab. Dafür wird man mit einer Einsamkeit belohnt, wie man sie in Berchtesgaden kaum mehr findet.

Blick auf den Böslsteig von der Halsgrube aus

Los geht diese neunstündige Ganztagestour unweit des populären Hintersees, der zumindest in den frühen Morgenstunden noch einsam zwischen bewaldeten Bergflanken ruht. Wer nicht auf den AlmErlebnisBus warten möchte, der kann die vier Kilometer bis zur Engert-Holzstube auf der für den normalen Verkehr gesperrten Straße ins Klausbachtal zum Aufwärmen wandern.

Fünf Minuten nach der Haltestelle führt bei der Engertalm rechts ein Übersteig über den Zaun, auf den rot markierten, schwach ausgeprägten Schaflsteig. Über steile Almwiesen geht es in einer Stunde durch lichten Mischwald und anschließend in ein Latschenfeld, von dem aus man einen ersten, fabelhaften Ausblick genießen kann.

Böslsteig

Ab jetzt wird das Gelände alpiner, und der Steig führt direkt zu den steilen Felswänden des Großen Mühlsturzhorns. Unterhalb derer geht es linker Hand weiter und durch die Scharte zwischen einer markanten, großen Felsnadel und der Bergflanke hindurch. Der Pfad führt nun in leichtem Auf und Ab unterhalb der Westwand des Stadelhorns auf österreichischem Boden entlang.

Unüberwindbar wirken die Felswände vor und über einem, doch allmählich gibt sich eine steile Rinne zu erkennen, die mit Drahtseilen gesichert in die Mayrbergscharte zwischen dem Stadelhorn

Blick von der Reiter Alm auf den Hintersee und das Berchtesgadener Land

rechter Hand und dem Wagendrischlhorn auf der linken Seite führt. Dieser härteste Teil des Anstiegs belohnt mit einem Blick in das Innere einer wahren Felsenfestung, in der sich eine Mini-Version des Steinernen Meeres am Königssee auszubreiten scheint – schroff und unwirtlich und doch anmutig und faszinierend zugleich.

Ein Schild deutet den Weg zum Stadelhorn, welches sich innerhalb einer Dreiviertelstunde erklimmen lässt. Vom höchsten und zugleich markantesten Gipfel der Reiter Alm mit 2286 Metern ergibt sich ein atemberaubendes Panorama, und man kann so ziemlich

alles, was in den Berchtesgadener Bergen und einem großen Teil der Nördlichen Alpen Rang und Namen hat, identifizieren. Dazu zählen unter anderem der Hochkönig, der im Tal funkelnde Hintersee und der Großglockner in weiter Ferne.

Nach einer mehr als verdienten Pause mit selbstmitgebrachter Brotzeit geht es wieder abwärts. Doch Konzentration ist auch hierbei gefragt. An der Wegkreuzung bei der Mayrbergscharte wählt man den zum Hintersee weisenden Pfad, der mit vier Stunden ausgeschrieben ist. Im gemütlichen Auf und Ab mit einer beeindruckenden Aussicht geht es anfangs über die nur dezent ausgeprägten Plattelköpfe Richtung Reiter Steinberg, wo der Böslsteig in das Kar unterhalb des Predigtstuhls abzweigt. Durch Schrofen und über Karstplatten führt der Weg zu einer Geländekante, ab der man in ein Latschenfeld eintaucht. Vereinzelt müssen nun Felsstufen hinunter gekraxelt werden, bevor es sehr steil und teilweise ausgesetzt, in Serpentinen und über Holztreppen, Drahtseil gesicherte Abschnitte und loses Geröll hinab in den Kessel der Halsgrube geht. Nach der Durchquerung eines Bergwalds trifft man auf eine Forststraße, die einen innerhalb einer halben Stunde nur 400 Meter südwestlich vom Klausbachhaus ins Tal zurück bringt.

Mit Seilen gesicherter Weg am Böslsteig

INFO

Lage: 15 Kilometer westlich von Berchtesgaden

Anfahrt: Von Berchtesgaden aus geht es auf der Bundesstraße B20 an der Ramsauer Ache entlang nach Westen. Nach zwei Kilometern wählt man am Kreisverkehr in Engedey die zweite

Ausfahrt und gelangt so auf die B305. Knapp sechs Kilometer später verlässt man einen weiteren Kreisverkehr am Ortseingang von Ramsau an der zweiten Möglichkeit. Über die Straße Im Tal geht es dann insgesamt fünf Kilometer durch den Ort, über die Hinterseer Straße am Südufer des Sees vorbei und an deren Ende auf die Hirschbichlstraße. Dort befindet sich nach 500 Meter auf der rechten Seite der kostenpflichtige Parkplatz an der Nationalpark-Infostelle Hintersee Klausbachhaus.

Öffnungszeiten: immer

Eintritt: nichts

- AlmErlebnisBus: grenzüberschreitender Wanderbus, der zwischen Hintersee und Maria Alm bzw. Steinpaß verkehrt; von Ende Mai bis Anfang Oktober täglich ab 8:15 bis 17:30 Uhr von der Haltestelle Hintersee zur Engert-Holzstube für 6/3/22 EUR Erwachsener/Kind (6-14 J.)/Familie; *almerlebnisbus.com*

Aktivitäten: Bergsteigen

Unterkünfte:

- Alpenhotel Zechmeisterlehen: Wellnesshotel mit Naturbadesee, Solebecken und Sauna in traumhafter Lage mit Alpenblick; Doppelzimmer ab 106 EUR, Studio ab 138 EUR und Suite ab 140 EUR (alles p. P.); Wahlstraße 35, 83471 Schönau am Königssee, Tel.: 08652 9450, *zechmeisterlehen.de*
- Alpenpension Erlebnishof Ettlerlehen: gemütliches, familiengeführtes Hotel in malerischer Alpenkulisse im Süden von Martkschellenberg; Doppelzimmer ab 90 EUR, Ferienwohnung ab 85 EUR und Chalet ab 270 EUR; Am Gseng 11, 83486 Ramsau, Tel.: 08657 272, *ettlerlehen.de*

Hinweise: Diese Tour ist nur für konditionsstarke und erfahrene Bergsteiger geeignet, die absolut trittsicher und schwindelfrei sind sowie alpine Erfahrung haben. Nicht bei Nässe gehen und ausreichend zu Trinken mitnehmen. Da es sich um hochalpines Gelände handelt, kann das Wetter sehr schnell umschlagen.

49. Wimbachgries: Im Schuttstrom des Watzmann

Steine, Steine und noch mehr Steine. In allen Größen und Formen bedecken sie soweit das Auge reicht den Boden des oberen Wimbachtals und begraben dabei sogar Bäume unter sich. Um zu dieser imposanten, geologischen Sehenswürdigkeit im Hochtal zwischen dem Watzmann und den Palfelhörnern zu gelangen, braucht es zwar keine bergsteigerische Hochleistung, jedoch Zähigkeit und Ausdauer.

Eindrucksvoller Beginn der Tagestour ins zehn Kilometer lange Wimbachtal ist die Wimbachklamm. Ein früher Start lohnt sich, da sie bei nicht ganz so wanderlustigen Urlaubern extrem beliebt ist. Und auch wenn sie mit nur 250 Metern eine relativ kurze Schlucht

Im oberen Gries

Unterhalb des Wimbachschlosses verläuft der Bach sichtbar.

ist, so lohnt sich ein Besuch. Vorhanggleich ergießt sich das Wasser über die steilen Felswände in den brodelnden Gebirgsbach unter einem, währen man auf Brücken und Stegen in der engen Klamm so nah am Geschehen ist, dass man die Kühle des Wassers und die Feuchtigkeit sogar auf seiner Haut spüren kann.

Nach so viel Spektakel ist die nächste Stunde Wanderung auf einem Forstweg durch das nun breite Tal zum Wimbachschloss eher monoton. Kurz bevor man das ehemalige Jagdhaus der Pröbste von Berchtesgaden und später des bayerischen Königshauses erreicht, lohnt es sich aber einen letzten Blick auf den Wimbach zu werfen, dessen Kies und Geröll an einer Mauer gestaut werden, bevor er flussaufwärts unterirdisch verschwindet.

Jenseits der beliebten Berggaststätte findet man nur noch hartgesottene Wanderer, die entweder zum Gries am oberen Talende wollen oder vielleicht sogar auf eine Mehrtagestour auf einen der umliegenden Berge. Bereits wenige Meter nach dem Wimbachschloss quert der Forstweg das erste von zahlreichen Geröllfeldern, die sich linker und rechter Hand von den Bergflanken her ergießen. Sie sind dank Schwerkraft ständig in Bewegung, was man außer nach starken Regenfällen jedoch nicht merkt.

Durch einen lichten Bergwald hindurch überquert der Wanderweg bald den bis zu 300 Meter breiten Haupt-Griesstrom, auf dem das Fortkommen aufgrund lockeren Gesteins nun etwas mehr Kraft erfordert. Dabei ergeben sich aber wunderbare Ausblicke auf die eindrucksvolle Umgebung, und mit etwas Glück kann man sogar Gämsen entdecken. Wer innehält, kann sich gut ausmalen, wie hier während der Eiszeit Gletscher das Tal ausschürften. Es wird sogar gemutmaßt, dass hier einmal ein See war, bevor er von einer 300 Meter dicken Schotterschicht aufgefüllt wurde. Wie anders das aussehen würde, kann man am Königssee nur ein Tal weiter sehen, wo die umliegenden Berge aus festem Dachsteinkalk und nicht aus brüchigem Ramsaudolomit sind.

Bizarre Baumskelette im Gries

Auf der linken Talseite angekommen führt ein angenehmer Pfad auf festem Boden mal durch Wald, mal durch offenes Gelände, bis zur eineinhalb Stunden entfernten Wimbachgrieshütte auf 1327 Metern. Von hier aus ist es noch einmal eine halbe Stunde ins Hauptgries am Ende des Tals unterhalb des Trischübelpasses. Dabei geht es durch eine einzigartige Latschenlandschaft unterhalb imposanter Berggipfel. Ein toller Blick über das breite Schutttal ergibt sich, wenn man der Beschilderung zum Watzmannhaus ein paar Meter folgt, aber auf der nördlichen Talseite nicht mehr weiter in die Felswand aufsteigt. Stattdessen lohnt es sich vor dem Antritt des Rückwegs die mitgebrachte Brotzeit auszupacken und das einmalige Panorama des Kessels zu genießen, in dem die Bäume in einem Fluss aus Steinen zu ertrinken scheinen.

INFO

Lage: 15 Kilometer südwestlich von Berchtesgaden

Anfahrt: Von Berchtesgaden aus geht es auf der Bundesstraße B20 an der Ramsauer Ache entlang nach Westen. Nach zwei Kilometern wählt man am Kreisverkehr in Engedey die zweite Ausfahrt und gelangt so auf die B305, welche man nach 4,5 Kilometern der Beschilderung zur Wimbachklamm folgend nach links verlässt. Gleich nach der Brücke über den Fluss findet sich ein großer, gebührenpflichtiger Parkplatz, der sich besonders an Wochenenden und zu Ferienzeiten schnell füllt.

Öffnungszeiten: immer

Eintritt: nichts

- Wimbachklamm: 2,50/2 EUR Erwachsene/Kinder (ab 7 J.); Eingang über Drehkreuz nur auf der talwärtigen Seite nach Einwerfen einer Münze, die man am Kassenautomaten beim Wimbachlehen kaufen kann; alternativ kann die Klamm kostenfrei auf einem Forstweg umgangen werden; von Mitte April bis Oktober täglich von 7 bis 19 Uhr geöffnet (witterungsbedingte Änderungen möglich)

Aktivitäten: Bergsteigen

Unterkünfte:

- Alpenhotel Zechmeisterlehen: Wellnesshotel mit Naturbadesee, Solebecken und Sauna in traumhafter Lage mit Alpenblick; Doppelzimmer ab 106 EUR, Studio ab 138 EUR und Suite ab 140 EUR (alles p. P.); Wahlstraße 35, 83471 Schönau am Königssee, Tel.: 08652 9450, *zechmeisterlehen.de*
- Alpenpension Erlebnishof Ettlerlehen: gemütliches, familiengeführtes Hotel in malerischer Alpenkulisse im Süden von Martkschellenberg; Doppelzimmer ab 90 EUR, Ferienwohnung ab 85 EUR und Chalet ab 270 EUR; Am Gseng 11, 83486 Ramsau, Tel.: 08657 272, *ettlerlehen.de*

Hinweis: An sonnigen Tagen kann es auf der oft exponierten Wanderung oberhalb des Wimbachschlosses und besonders im Talkessel sehr heiß werden.

50. KAHLERSBERG: GIPFELGLÜCK HOCH ÜBER DEM KÖNIGSSEE

Einsam und kaum beachtet liegt der Kahlersberg im Hagengebirge an der Grenze zu Österreich. Dabei bietet er für erfahrene Bergsteiger eine herrliche Tour mit kleinen Herausforderungen und imposantem Panorama. Und wer an heißen Tagen für eine Abkühlung nicht bis zum Tal warten will, der kann sogar in den erfrischenden Seeleinsee eintauchen.

Beginn der achtstündigen Bergtour ist der Wanderparkplatz Hinterbrand, an dessen Südseite ein Forstweg in den Wald führt, welcher ideal zum Warmlaufen geeignet ist. Auf dem sogenannten Königsweg geht es über die Mittelstation der Jennerbahn und über die Wasserfallalm zum Königsbach, und anschließend steil nach oben zum Gebiet der Priesbergalm. Dabei ergibt sich immer wieder ein

Blick vom Stiergraben zurück ins Tal

Blick auf die gegenüberliegende Seite des Königssees, von der die Ostwand des Watzmanns imposant herüber leuchtet.

200 Meter nach der Unteren Priesbergalm führt an den zwei kleinen Almhütten rechter Hand ein schmaler Pfad über die Almwiese in den Wald hinein in einen Graben. Hier überquert man einen Bach und nimmt an der Weggabelung den oberen Steig, der in den Stiergraben Richtung Seeleinsee hinaufführt. Über eine Lichtung geht es wieder in einen Wald, der sich jedoch lichtet je höher man steigt, und Latschen und Felsen Platz macht. Im oberen Teil ragt nun direkt vor einem der Kahlersberg empor. Doch auch der Blick zurück lohnt sich, um die wilde und ursprüngliche Landschaft, die hinter einem liegt, aus einer anderen Perspektive zu bewundern.

An der nächsten Wegkreuzung folgt man der Beschilderung nach rechts über große Felsblöcke zum Sattel beim Hochgschirr. Dort zweigt ein markierter, jedoch schwer erkennbarer Steig nach links zum Kahlersberg ab. Über grobe Felsen und Geröll gelangt man zum Fuß einer imposanten Felswand, von wo aus der deutlich erkennbare Mauslochsteig nach Südosten führt. Teilweise sehr steil, hochalpin und manchmal mit einem Stahlseil gesichert führt der Weg durch die Westflanke des Berges. Den Namen hat der Steig übrigens von seiner engsten und ausgesetztesten Stelle, für die absolute Trittsicherheit und Schwindelfreiheit erforderlich sind.

Nach intensiven 200 Höhenmetern im Fels wird die Route wieder einfacher und der Weg führt in Serpentinen zum Gipfel. Dort erwartet einen auf 2350 Metern eine wundervolle Aussicht über das Steinerne Meer im Süden, den Königssee und Watzman im Westen und bis weit nach Österreich. Wer die Felsenlandschaft um sich herum mit einem Fernglas genauer inspiziert, kann mit etwas Glück sogar Steinböcke zu Gesicht bekommen.

Beim Abstieg lohnt sich außerdem ein Blick nach Süden, wo Deutschlands höchster Wasserfall, der Röthbachfall, als feines, weißes Band 470 Meter tief in den Kessel bei der Fischunkelalm stürzt. Ist man im Herbst unterwegs, kann man aus dieser Richtung sogar oft brünftige Hirsche von der Röth her röhren hören.

Erfrischendes Badevergnügen für hartgesottene Wanderer verspricht der Seeleinsee.

Über den bekannten Steig geht es hochkonzentriert wieder hinab zum Sattel des Hochgschirr, unterhalb dessen man nun einen wunderbaren Blick auf den türkis-funkelnden Seeleinsee bekommt. Der kurze Abstecher dorthin lohnt sich, auch wenn sich hier oft Wanderer der bekannten Tour auf der Kleinen Reibn zu einem gesellen. Wer sich von den erfrischenden Temperaturen nicht abschrecken lässt, den erwartet eine herrliche Badepause im kristallklaren Wasser.

Hütte der Enzianbrennerei Grassl auf der Priesbergalm

Auf dem Rückweg darf man sich dann auch einen Besuch der Brennhütte der Enzianbrennerei Grassl gönnen, von der aus es nur noch eine Stunde auf einem leichten Forstweg hinab zum Ausgangspunkt ist. Die Hütte liegt ungefähr einen Kilometer bergab von der Unteren Priesbergalm und ist von Mai bis Oktober bei Anwesenheit des Brenners unter der Woche zur Schnapsverkostung geöffnet.

INFO

Lage: zehn Kilometer südlich von Berchtesgaden

Anfahrt: Von Berchtesgaden aus nimmt man die Bundesstraße B20 nach Süden Richtung Schönau am Königssee. Nach dem großen Edeka-Markt am Ortsrand auf der linken Seite biegt man auf die Vorderbrandstraße links ab und folgt der kurvigen Straße knapp fünf Kilometer bis zum Ende. Anschließend nimmt man 200 Meter lang die Scharitzkehlstraße, um zum kostenpflichtigen Wanderparkplatz Hinterbrand zu gelangen.

Öffnungszeiten: immer

Eintritt: nichts

Aktivitäten: Bergsteigen, Baden

Unterkünfte:

- Alpenhotel Zechmeisterlehen: Wellnesshotel mit Naturbadesee, Solebecken und Sauna in traumhafter Lage mit Alpenblick; Doppelzimmer ab 106 EUR, Studio ab 138 EUR und Suite ab 140 EUR (alles p. P.); Wahlstraße 35, 83471 Schönau am Königssee, Tel.: 08652 9450, *zechmeisterlehen.de*
- Alpenpension Erlebnishof Ettlerlehen: gemütliches, familiengeführtes Hotel in malerischer Alpenkulisse im Süden von Martkschellenberg; Doppelzimmer ab 90 EUR, Ferienwohnung ab 85 EUR und Chalet ab 270 EUR; Am Gseng 11, 83486 Ramsau, Tel.: 08657 272, *ettlerlehen.de*

Hinweise: Diese Tour ist nur für konditionsstarke und erfahrene Bergsteiger geeignet, die absolut trittsicher und schwindelfrei sind sowie alpine Erfahrung haben. Nicht bei Nässe gehen und ausreichend zu Trinken mitnehmen. Unbedingt Kopfbedeckung und eine winddichte Jacke mitnehmen, da der Gipfel für seine kalten Winde berüchtigt ist.

In der Reihe sind bisher erschienen:

Bernadette Olderdissen
ISBN 978-3-96855-071-8

Stephanie von Aretin
ISBN 978-3-96855-078-7

Anke Fietzek
ISBN 978-3-96855-075-6

Nadine Taylor
ISBN 978-3-96855-077-0

Die Ausarbeitung aller in diesem Reiseführer beschriebenen Wanderungen und Unternehmungen erfolgten nach bestem Wissen und Gewissen der Autorin. Die Benutzung dieses Führers geschieht auf eigenes Risiko. Soweit gesetzlich zulässig, wird eine Haftung für etwaige Unfälle und Schäden jeder Art aus keinem Rechtsgrund übernommen.

Bildnachweis: Alle Bilder von Michaela Urban außer: Alexander Z. Cc by-da 3.0 S. 76 | Alpenregion Tegernsee Schliersee S. 169 | Anton Brey S. 86 | Bayerische Schlösserverwaltung S. 124-125 | Beni Hackl S. 66/67 | Berchtesgadener Land Tourismus S. 224/225, 242/243, 250-251 | digital cat cc by 2.0 S. 35 | Dirk Frenzel S. 122/123, 126 | Florian Beierl S. 252 | Florian Leischer S. 109-110, 112-114 | Gemeinde Schneizelreuth S. 237 | Heiko Liebel S. 94-95 | Heinrich Stürzl cc by-sa 3.0 S. 18-20 | Heinz Utschig S. 54-56 | Herbert Rudolf S. 43-44 | Inn-Salzach Tourismus S. 190-192 | Lucia Karrer S. 186-188 | Maps4News S. 9, 13, 41, 69, 107, 139, 185, 227 | Markt Wolnzach S. 30-32 | Alpenwelt Karwendel/Maximilian Ziegler S. 104/105, 128/129, Cover | Naturpark Altmühltal S. 14-16, 22-24 | Peter R. Hofmann S. 228-229, 230u | pixabay S. 36, 222 | Rolf Dovern S. 230o | Richard Scheuerecker S. 202/203, 204 | Rudolf Pohmann S. 130 | Rufus46 cc by-sa 3.0. S. 34 | Siegfried Geißler S. 10/11, 26-28 | Simon Bauer-Das blaue Land S. 90/91, 96/97, 98 | Stadt Fürstenfeldbruck S. 50-52 | Stadt Landsberg am Lech S. 70-72 | Thomas Springer cc0 S. 75 | Thorsten Unseld S. 87-88, 108 | Wolfgang Ehn S. 74, 78-80